OS DIREITOS HUMANOS DAS MULHERES NAS RELIGIÕES NO SÉCULO XXI

OS DIREITOS HUMANOS DAS MULHERES NAS RELIGIÕES NO SÉCULO XXI

I Curso de Outono da Escola de Teologia Feminista
(19, 20 e 21 de novembro de 1999)

Tradução
Maria José Rosado-Nunes

Edições Loyola

Título original:
Los derechos humanos de las mujeres en las religiones en el siglo XXI
© Editorial Mediterrània, S.L.
Guillem Tell, 15, entl. 1a
08006 Barcelona
ISBN 84-8334-242-1

PREPARAÇÃO: Carlos Alberto Bárbaro
DIAGRAMAÇÃO: Ademir Pereira
REVISÃO: Maurício B. Leal

Edições Loyola
Rua 1822 nº 347 – Ipiranga
04216-000 São Paulo, SP
Caixa Postal 42.335 – 04218-970 – São Paulo, SP
Tel.: (11) 6914-1922
Fax: (11) 6163-4275
Home page e vendas: www.loyola.com.br
Editorial: loyola@loyola.com.br
Vendas: vendas@loyola.com.br

ISBN: 85-15-02910-3

SUMÁRIO

PRÓLOGO

Por que o CDE — Col-lectiu de Dones en l'Església (Coletivo de Mulheres na Igreja) nos colocamos o tema "Os Direitos Humanos das Mulheres nas Religiões no Século XXI" para o I Curso de Outono da Escola de Teologia Feminista?

Participamos das conferências das Nações Unidas sobre a situação da mulher no mundo, realizada em Beijing (1995) e em Nova Iorque (2000). Nelas foram tratados de forma exaustiva os desafios que temos, como cidadãs de segunda categoria, em uma sociedade que sabe fazer grandes declarações sobre temas relacionados com os direitos humanos e a democracia para todos.

Participamos também, em nível ecumênico, do II Reencontro Ecumênico, celebrado em Graz em 1997, e do Sínodo Europeu de Mulheres, que teve lugar em Gmunden (Áustria) no mesmo ano. Fomos ainda responsáveis pela celebração do II Sínodo Europeu, celebrado em Barcelona, em 2003. Assistimos também à VII Assembléia do Conselho Mundial de Igrejas e ao Festival do final do decênio das mulheres convocado pelo mesmo Conselho, em Harare (Zimbábue).

Por outra parte, somos membros do Movimento Internacional Som Església — Somos Igreja — (IMWAC) e do Fórum Ecumênico de Mulheres Cristãs da Europa, participando ativamente em todas as convocatórias que realizam ambas as associações.

Com toda essa bagagem, fomos descobrindo e experimentando que a combinação do sistema patriarcal que domina todas as estruturas e superestruturas políticas, econômicas e sociais, com o poder que têm as religiões coligadas contribui para a consolidação deste mundo vertical, machista e opressor. Tornava-se pois necessário criar um espaço onde pudéssemos começar a estudar aquilo que incide sobre nossas vidas como mulheres e como crentes, bem como sobre aquilo que as condiciona.

Certamente, a sociedade deu passos legais para equilibrar a desigualdade que o sistema androcêntrico gerou. Nos últimos anos surgiram decretos reguladores de leis antigas sobre:

— o direito à propriedade e a dispor de si mesma;
— o direito ao trabalho igual e remunerado;
— o direito à liberdade, à saúde, à educação e a uma boa imagem;
— o reconhecimento das capacidades intelectuais e corporais;
— o reconhecimento da responsabilidade de decisão sobre o próprio corpo.

Esses decretos possibilitam uma mudança social real e efetiva. Não podemos nos esquecer, porém, do peso que significaram e ainda significam para nós as religiões fundamentalistas. Sob a visão do sagrado, freiam as possibilidades de aliança entre os homens e as mulheres de hoje.

Os direitos das mulheres são direitos humanos. Fomos excluídas desses direitos, enquanto foram chamados "direitos dos homens". Nossos estudos civis e teológicos tornam impossível, hoje, continuar aceitando pontos de vista que marginalizam as mulheres pelo simples fato de serem mulheres. As religiões monoteístas mais influentes no mundo ocidental e na África, como a judaica, a islâmica e a cristã, exerceram sua influência nas convenções internacionais anteriormente mencionadas e frearam petições feitas pelas mulheres para terem a palavra e um lugar nos espaços de decisão sobre aquilo que devem viver e crer.

Dirigimos perguntas e mais perguntas aos hierarcas das confissões religiosas. Mas elas nunca têm uma resposta adequada:

— Por que a ação das mulheres não pode ser paritária dentro do espaço "sagrado"?
— Por que a decisão sobre o próprio corpo tem de estar condicionada por normas surgidas da hierarquia?
— Se somos pessoas com igualdade de direitos civis, não podemos ter igualdade de direitos religiosos?
— É justo que nosso corpo tenha que ser mutilado para ser aceito por culturas que dão prioridade unicamente ao prazer físico do homem?

Poderíamos fazer muitas perguntas mais, e na verdade as fazemos. Por isso, decidimos iniciar o I Curso de Outono, recolhido neste livro, com essa complicada problemática que constantemente incide sobre nossas vidas de mulheres. Quisemos que não faltassem vozes de outras culturas, tão longínquas como a do Tibet, ainda que somente para fazermos uma primeira aproximação. Assim se fez possível este espaço de encontro, aprofundamento e discussão.

Participaram deste curso as seguintes pessoas:

- M. Josefa Amell Comas, presidenta do CDE
- Elisabet Coll, diplomada em direito
- Assumpta Marín, do CDE
- Joan Botam, presidente do Centro Ecumênico da Catalunha
- M. Rosa Ocaña, membro da Igreja Ortodoxa
- Iolanda Aixelà, doutora em antropologia e especialista em direito islâmico
- M. Rosa Recasens, representante do CDE na Federação Catalã de ONGs para os direitos humanos
- Joana Ortega, teóloga protestante
- Hend Hazgallah, da comunidade islâmica Associação M.E.I. Al Hanan. Licenciada em filosofia
- Revda. Susan Woodcock, membro da Igreja Espanhola Reformada Episcopaliana, reitora da Igreja do Cristo de Sabadell

- Mariángeles Coscuella, do CDE
- Rabino Ruben Sternschein, da comunidade judaica ATID
- Venerável Thubten Wangchen, presidente da Casa do Tibet de Barcelona
- Magda Tomàs Ribes, vice-presidenta do CDE

Oferecemos ao/à leitor/a o que nos foi possível recolher dos/as expositores/as, assim como das mesas-redondas. Sabemos que sempre ficam espaços impossíveis de se recolher, mas acreditamos que o que lhes apresentamos abre novas possibilidades de estudos para aqueles grupos que tenham interesse em ampliar seus conhecimentos. O CDE tenta responder a todos os pedidos que lhe chegam, mas é de sua contribuição que dependem a possibilidade de abrir novos caminhos e a consolidação das metas já alcançadas.

Queremos deixar registrado nosso agradecimento ao governo de Barcelona e, especialmente, ao Conselho de Direitos Civis, uma vez que foi graças a eles que foi possível a edição deste livro.

Finalmente, obrigada a todos e todas que querem caminhar em direção à utopia de transformação humana, social e religiosa.

Col-lectiu de Dones en l'Església

OS DIREITOS HUMANOS AO LONGO DA HISTÓRIA

ELISABET COLL I JORDÀN

Em 1998, por ocasião dos 50 anos da Declaração Universal dos Direitos Humanos, editaram-se diferentes livros de balanço sobre o que havia sido, o que era e o que deveria ser essa Declaração. Constatava-se então, nas diversas publicações, a importância do avanço alcançado. Mas também se verificava que nos encontramos em um período especialmente delicado, devido, sobretudo, às diferentes guerras que se sucedem no mundo. Tal situação supõe uma constante violação dos direitos humanos e o descrédito atual das nações Unidas, como resultado dessas guerras e de outras circunstâncias.

Ao mesmo tempo, é importante que a Declaração Universal dos Direitos Humanos reconheça, como seu nome indica, uma série de direitos de caráter universal para todos os homens e mulheres. Este aspecto é de vital importância, pois, ainda que teoricamente seja assim, em nível prático, até há poucos anos o exercício e o reconhecimento desses direitos para as mulheres não havia se realizado por parte de governos ou de instituições públicas, privadas e religiosas de certos países. Há, inclusive, países nos quais esse reconhecimento não se realizou até hoje. Isto revela que, ainda que os direitos humanos estejam pensados para todos os homens e mulheres, sem qualquer tipo de distinção, discriminação ou limitação em razão do sexo, no dia-a-dia há uma clara discriminação e limitação em relação às mulheres.

As Nações Unidas realizaram uma intensa atividade direcionada ao reconhecimento dos direitos humanos das mulheres.

Mesmo assim, na medida em que se ia alcançando os objetivos (tendo-se sempre presente que isto não ocorre da mesma maneira em todos os países, nem no mesmo grau), ficava clara a necessidade de aplicar tais direitos de maneira eqüitativa. Em outras palavras, os direitos estabelecidos pelos Estados para proteger tanto os homens como as mulheres resultavam, em determinadas situações, pouco adequados para proteger os direitos das mulheres. Referimo-nos aos casos de discriminação no trabalho, maus-tratos etc. Essa situação deu lugar ao que se conhece como discriminações por razões de gênero.

ANTECEDENTES DA DECLARAÇÃO UNIVERSAL DOS DIREITOS HUMANOS

Introdução

A formulação atual dos direitos humanos é o resultado de um longo desenvolvimento para o qual contribuiu a história política e filosófica.

Ao examinar a evolução dos direitos humanos, sempre pensamos que seu início encontra-se no nascimento das "Declarações de Direitos", dos Estados Unidos da América, e na "Declaração dos Direitos do Homem e do Cidadão" (1789), promulgada na França, no século XVIII. Na verdade, porém, a Declaração dos Direitos americana, que deu lugar à Constituição Federal de 1787, contém os princípios da revolução americana e a Constituição posterior não é um compêndio de intenções, mas uma série de garantias que se tentava estabelecer para evitar o que havia sucedido durante a colonização inglesa. Por outro lado, a Declaração dos Direitos francesa, com caráter de universalidade, queria chegar a todos os homens, sem distinção geográfica. Mas fala somente dos homens; em nenhum momento faz qualquer referência às mulheres.

Não podemos esquecer, no entanto, sua importância, já que se converteu em ponto de partida do desenvolvimento político das idéias e constituições da Europa e do resto do mundo, durante os séculos XIX e XX, culminando, teoricamente, na Declaração dos Direitos Humanos das Nações Unidas e, em nível prático, na Convenção Européia para a Proteção dos Direitos Humanos e das Liberdades Fundamentais.

Contudo, quando estudamos os antecedentes dos direitos humanos, devemos olhar ainda mais para trás, tendo presente o pensamento jusnaturalista (caracterizado por tomar como raiz explicativa e justificadora a própria natureza do ser humano, que dá lugar a tendências ou dinamismos inalteráveis, constituídos em direitos básicos). Esta é a condição prévia para se realizar o exame ético-filosófico das doutrinas sobre a pessoa e a comunidade.

Partindo daí, começa uma história de mais de dois milênios, em que os pensadores do Ocidente construíram as primeiras formulações que deram lugar à realização das grandes idéias dos direitos humanos, à obtenção de um vínculo de ordem moral e, por último, ao seu reconhecimento jurídico em direito público e, posteriormente, em direito internacional.

Antecedentes políticos

A raiz histórico-política presente no nascimento das idéias dos direitos humanos encontra-se na idéia de que todo poder tem vínculos e limites, como aconteceu na Idade Média européia, dando lugar à figura do *Estado feudal* da Alta Idade Média e, sobretudo, ao *Estado estamental* da Idade Média posterior. Esta situação leva à aparição das chamadas liberdades, que se davam em forma de outorga ou tratados estritos entre príncipes feudais e estamentos, com o único objetivo de limitar o poder dos senhores. Aqui poderíamos citar como dado mais significativo o Tratado de Tübingen, no condado de Württemberg (1514) na Alemanha atual, com o qual o soberano assegurava aos estamentos os mesmos direitos e prometia ditar sentenças justas mediante a criação do juiz, conhecedor dos direitos. Esse tratado durou três séculos (até a Constituição de 1819).

Graças a esses tratados, os estamentos defendiam seus próprios interesses, mas ao mesmo tempo, e indiretamente, poder-se-ia dizer que serviam também para defender os direitos da comunidade. Mais tarde, estes tratados foram derivando para uma instituição jurídica chamada "juramento de vassalagem condicionado", que durou até a Idade Moderna.

Deve-se ter presente que toda a Idade Média se sustentava, tanto filosófica como politicamente, na religião cristã, a qual partia da existência de dois poderes: o espiritual (pertencente a Deus, criador de tudo) e o temporal (exercido pelo monarca mas que, em realidade, pertencia a Deus). Mediante a criação destes tratados, limitava-se o poder do monarca, submetido ao poder divino. Tais tratados foram evoluindo, suscitando a criação de figuras jurídicas que serviram de base para os direitos posteriormente chamados fundamentais. Reflexo disso é encontrado na *Carta Magna* de 1215, criada na Inglaterra. Anteriormente, na Península Ibérica, já existia um leque de direitos fundamentais (Cortes de León, 1188; *Las siete partidas*, de 1265, e a figura da *Justiça mayor)*.

Com a criação do Estado moderno, depois de haver superado os Estados estamentais, produz-se a aparição do *absolutismo monárquico,* devido à anexação de territórios cada vez maiores, o que provoca uma mudança na relação entre liberdade e coerção na prática política, com prejuízo dos direitos fundamentais. Desta maneira, o governo do monarca e seu aparato administrativo descobriram que podiam trabalhar sem travas, tomando a "liberdade" como objetivo, isto é, promovendo a expansão sem limites, tanto externa como internamente. O monarca absoluto ignorou os representantes dos estamentos e não os convocou mais. Assim, desapareceram as liberdades positivas estamentais conseguidas até então. Para compensar essa situação, concederam-se privilégios sociais e econômicos à nobreza.

A situação de absolutismo máximo ocorreu do século XVI ao século XVIII. Durante esse período todos os poderes concentraram-se no monarca e no Estado, e como estes eram os donos da vida e das propriedades das pessoas aboliram-se todos os privilégios e liberdades.

Como um dado distinto, deve-se fazer referência à Inglaterra, onde o absolutismo monárquico não se estabeleceu definitivamente, devido, entre outros condicionantes, à sua situação geográfica (por ser uma ilha) e à sua armada. Isto permitiu manter em vigor a mencionada *Magna Charta Libertatum*, de 1215.

Durante o século XVII, Carlos I tentou limitar os direitos do Parlamento, governando de maneira absoluta, mas este opôs-se, venceu e criou a *Petition of Right* (1628), que supôs uma ampliação da carta anterior (de 1215), ao garantir a liberdade de todos os súditos da Inglaterra, e o monarca precisou reconhecê-la.

Após a expulsão dos Stuart na denominada *Gloriosa Revolución* (1688), firmou-se uma "Declaração de Direitos" (1689), em que se fixaram as regras básicas de convivência inglesa e se ratificaram todos os direitos vigentes até então.

Esse desenvolvimento do direito público inglês teve um incipiente efeito limitador do absolutismo europeu, ainda que não de maneira imediata, graças, primordialmente, à filosofia jusnaturalista do século XVII, ideário que se transformou e ampliou-se, segmentando-se em quatro direções:

a. A origem cristã dos direitos foi relegada, cada vez mais, a um segundo plano e o direito natural se descristianizou.
b. A doutrina do direito natural começou a basear-se, preferentemente, na razão humana.
c. O direito natural dirigiu-se para o bem-estar da pessoa individual e o Estado ficou encarregado da tarefa de fomentar e garantir a felicidade da pessoa.
d. A vigência de idéias democrático-constitucionais que converteram-se em requisitos inseparáveis dos direitos fundamentais.

Estas quatro direções manifestaram-se em um novo conceito do ser humano: passou-se de uma concepção puramente cristã a outra determinada pela filosofia da Ilustração.

Na Europa, durante a segunda metade do século XVI, produz-se uma luta para tentar uma existência livre, desvinculada do âmbito católico. Voltou-se a expor a doutrina do contrato do Estado, existente na Antiguidade e na Baixa Idade Média. Nela diferenciam-se dois pactos:

1. O pacto do povo, livre e independente, em princípio, selado com o monarca, por meio do qual se transmite o poder, ainda que se reservando certos direitos a fim de manter a ordem. É o que se chama *pacto de soberania*.
2. O outro, anterior, consiste em uma cláusula de reagrupamento humano e garantia dos direitos inatos de liberdade e igualdade. Chama-se *pacto social*.

Os franceses apoiaram-se no *pacto de soberania* e, a partir das teorias de Althusius[1]: (1557-1638), deu-se um passo importantíssimo para o *pacto social*. Segundo ele, o Estado surgiu de uma construção escalonada: primeiro, a família; segundo, o município; e terceiro, a província. Daí que a liberdade e a igualdade originárias da pessoa, que de maneira voluntária e livre decide unir-se em sociedade ou comunidade com seus semelhantes, dê lugar a uma luta para que se reconheçam seus direitos considerados inalteráveis e invioláveis. Essa luta converteu-se em um dos conteúdos essenciais da doutrina do direito natural revolucionário.

Desse modo, no início do século XVIII, o conceito de direitos humanos encontra-se relacionado com a existência de direitos inatos ao ser humano, que lhe correspondem por sua natureza. Nesses direitos inalteráveis e imprescritíveis, desenvolvem-se a personalidade, a dignidade e o valor do ser humano. A imagem do homem, a compreensão de sua tarefa e a determinação de seu lugar na natureza, na sociedade e no Estado determinam a configuração e a formulação dos citados direitos humanos. Portanto, a mudança na idéia de ser humano, considerando-o

1. Althusius Johannes, jurisconsulto alemão. Suas duas obras, *Jurisprudentiae Romanae Methodice Digestae* e *Politica Methodice Digesta*, fazem dele um dos representantes da teoria do direito natural e de uma concepção democrática de governo. Afirmou muito claramente a idéia da soberania do povo. (N.T.)

sujeito de direitos inatos, condiciona a aparição da idéia de direitos humanos. E nestes direitos está a base da qual deriva a multiplicidade de direitos fundamentais, social, política e economicamente inalteráveis. Assim, os direitos humanos são direitos que pertencem ao ser humano como tal, independentemente de que o Estado os reconheça ou não. Por outro lado, os direitos fundamentais são aqueles direitos humanos reconhecidos pelo direito público; formam parte de um apartado das constituições e do ordenamento legal dos Estados; e surgem para lutar contra a expansão do poder estatal, assegurar ao cidadão sua própria esfera de liberdade e garanti-la contra toda violação por parte do Estado.

Antecedentes filosóficos

Estes princípios adquiriram maior valor quando o cristianismo os assumiu. Desta forma, do conceito da criação do ser humano à imagem e semelhança de Deus se chega a um novo e mais profundo sentido da liberdade e igualdade do ser humano; a razão humana situa-se em um plano não-contraditório com a Revelação, e mostra-se a possibilidade de que a razão seja uma premissa para atualizar a fé e a graça. Entende-se como um complemento e uma perfeição da natureza.

Com o tempo, a força espiritual que frutificou entre o movimento religioso e o filosófico, durante a Idade Média e também na Idade Moderna, permitiu ao direito natural assentar seus fundamentos e desenvolver-se cada vez com mais força. Para o religioso, sua fonte encontra-se no próprio Deus, e para o filósofo, na razão. Mas tanto para um como para o outro o direito natural está acima do direito positivo, porque este é criado para o ser humano, é imperfeito e encontra-se submetido a constantes revisões devido a mudanças políticas, sociais e econômicas.

Deve-se fazer uma referência especial à *Reforma protestante*, ocorrida nos séculos XV e XVI. Esta segue a linha humanista iniciada com a Escolástica e o Renascimento, mas, ao mesmo tempo, a nega, pois considera que o ser humano encontra-se submetido à vontade divina, o que lhe retira toda autonomia. Isto supõe, por sua vez, negar o que defendiam ao princípio. Martinho Lutero (1483-1546), figura destacada, passou de um voluntarismo teológico radical a um absolutismo político.

No pensamento filosófico da Revolução Francesa, a Ilustração, que partia do sucedido na Inglaterra durante o século XVII, podemos encontrar o antecedente mais recente do nascimento dos direitos humanos.

O RECONHECIMENTOS DOS DIREITOS HUMANOS PELO DIREITO PÚBLICO

A primeira Declaração dos Direitos Humanos foi promulgada no território colonial da Nova Inglaterra, por causa do conflito constitucional gerado pelos americanos com a Inglaterra, ao recusar pagar impostos em troca de uma representação parlamentar em Londres. O governo inglês, a fim de manter seu poder, violou as antigas liberdades positivas inglesas exercidas nesse território, dando lugar a uma dura luta entre colonizadores e colonizados, que culminou com a Declaração de Independência. Como já assinalamos anteriormente, as *Declarações de Direitos* e a posterior *Constituição federal* (1787) consistem em atos políticos mais do que em propostas teóricas ou filosóficas; quer dizer, trata-se de recolher efetivamente algumas garantias que tenham caráter inviolável.

É preciso ter presente que, enquanto a separação entre direito natural e positivo era cada vez maior na Europa, nas colônias inglesas dos séculos XVII e XVIII o direito natural era assumido como autêntico direito e dever, e faltou somente dar um pequeno impulso para transferir esta perspectiva eclesiástico-puritana à realidade sociopolítica.

Na França, as declarações surgidas da Revolução de 1789 são conseqüência de sua situação social, e fazem com que os filósofos, completamente absorvidos pelos acontecimentos, tentem desenvolver um pensamento filosófico que recolha e encontre soluções para aquela situação.

O marquês de La Fayette (1757-1834) apresentou à Assembléia Nacional Francesa, em 1789, a proposta revolucionária da "Declaração de Direitos do Homem e do Cidadão", em forma de projeto de lei. A Declaração resultante é muito semelhante à americana quanto ao seu conteúdo. Seu individualismo excessivo foi criticado, aspecto que não se modificou essencialmente nas constituições posteriores. A proclamação desta declaração supunha que o mundo sociopolítico francês, absolutista, tinha que ser abolido.

O eco da Declaração francesa foi muito importante e com efeitos posteriores permanentes, conforme se verifica nas constituições do século XIX. Nas novas leis constitucionais, os direitos humanos apareciam resumidos em itens com nomes distintos (direitos do homem e do cidadão; direitos dos franceses etc.). Filosoficamente, desaparece a doutrina do direito natural, embora subsista e se desenvolva na Alemanha, onde se deve destacar a figura de Kant (1724-1804), para quem os direitos e deveres encontram-se intimamente vinculados e o Estado surge do direito e nele se encontra seu fim. Com essas teorias alemãs, rompeu-se a unidade que reinara até então na Europa.

Na primeira metade do século XIX, eclodiram muitos conflitos ao se tentar introduzir e pôr em prática as novas normas constitucionais. Depois de 1815, consegue-se garantir alguns direitos civis públicos e privados. A luta é levada a termo pela burguesia, que pretendia obter um Estado de direito, a igualdade perante a lei e sua afirmação e livre desenvolvimento. Durante a Revolução Industrial do século XIX, houve uma série de mudanças: a classe econômica em pior situação, que crescia a cada dia, iniciou uma luta contra os excessos do capitalismo, com a intenção de obter proteção jurídica nas esferas social e econômica. Isso deu lugar a que nas diversas constituições aparecesse uma nova categoria de direitos, os direitos concernentes aos *trabalhadores*.

Em todo esse movimento de luta dos trabalhadores Marx (1818-1883) desempenha um papel fundamental. Sua obra despertou nos trabalhadores "a consciência de classe".

Desta maneira, a luta pela formação dos direitos humanos, sociais, representava uma nova categoria, profundamente diferente dos direitos de natureza clássica liberal, e esses direitos foram garantidos para toda uma classe social.

CAUSAS E PROCESSO DE ELABORAÇÃO DA DECLARAÇÃO DE DIREITOS HUMANOS DE 1948

Antecedentes (1945-1948)

A idéia de que uma organização internacional zelasse pela proteção internacional dos direitos humanos originou-se nos movimentos filosóficos, sociais e políticos já mencionados. No entanto, durante muitos anos, e por diversas razões, essa proteção se limitou simplesmente a declarações de intenção.

Depois da Primeira Guerra Mundial, em 1919, o Tratado da Sociedade das Nações pôs em relevo o princípio da primazia da dignidade humana em diversas esferas, acima dos interesses dos Estados. Assim, a Constituição da Organização Internacional de Trabalhadores (OIT), criada no mesmo ano e concluída em 1944, tem como objetivos a promoção da justiça social e o respeito pela dignidade dos trabalhadores.

A partir de 1941, em plena Segunda Guerra Mundial, instituições acadêmicas, organizações não-governamentais de direitos humanos, certos Estados e algumas organizações intergovernamentais realizaram uma série de estudos sobre os direitos humanos. Na Declaração da Filadélfia (1994), foi aprovada por unanimidade a necessidade de justiça social *para todos*, sem discriminação, e em condições de liberdade e dignidade. No entanto, essas boas intenções não se refletiram no Projeto inicial da Conferência de São Francisco (1945), mas a insistência daqueles grupos fez com que figurassem no Projeto definitivo de 1945 e, depois da reunião do México, os direitos humanos, ao lado da reivindicação de que a Carta das Nações Unidas tivesse uma Declaração de Direitos, foram incorporados à Conferência de São Francisco como um dos objetivos da Organização.

Dessa maneira, a Carta das Nações Unidas assinada em São Francisco em 1945 é o primeiro tratado internacional cujos objetivos estão baseados no respeito universal dos direitos humanos (arts. 1.3 e 55).

O caráter inovador da Carta está não só na proclamação desses objetivos, mas também no compromisso de atuar para que sejam respeitados. Ela outorga à Organização determinadas atribuições e certos métodos que se encontram relacionados a três conceitos: o estudo, o exame e a recomendação.

As recomendações são a principal arma das Nações Unidas na esfera dos direitos humanos. Ainda que não se imponham como uma obrigação jurídica aos Estados, estes se comprometem a tomar medidas, conjunta ou separadamente, em cooperação com a Organização, a fim de conseguir os propósitos firmados (art. 56). Para tanto, as recomendações devem ser levadas em consideração pelos Estados para que estes possam adotar as medidas cabíveis. Aqui se deve destacar a tarefa levada a cabo pelo Conselho da Europa, pela Organização dos Estados Americanos (OEA) etc., assim como aquelas realizadas por organizações não-governamentais de promoção e proteção aos direitos humanos.

É importante assinalar que algumas das normas das Nações Unidas, em matéria de direitos humanos, têm reclamado sua autoridade como norma do direito internacional consuetudinário, o que contribui para seu desenvolvimento. Por outro lado, da leitura do Capítulo III da Carta, parece que não se exclui a possibilidade de que as Nações Unidas, em casos especiais, adotem medidas de força jurídica obrigatória.

Tudo isso permitiu que os governantes participantes da redação da Carta, com a intenção de que essas atribuições não implicassem perda de soberania (poder), procurassem encontrar uma situação de equilíbrio e persistissem na reafirmação dos direitos de soberania, amizade e cooperação entre os Estados (art. 7).

A Organização tem aproveitado ao máximo as possibilidades da Carta, seja ampliando suas competências na esfera dos direitos humanos, seja instruindo um sistema internacional por meio de seus tratados e resoluções. O resultado é a constituição de um amplo corpo normativo que, mesmo não tendo força jurídica obrigatória, tem um considerável grau de eficácia.

A estrutura e os procedimentos estabelecidos na Carta são bem diferentes daqueles da Sociedade das Nações publicados anteriormente. Talvez a maior diferença esteja na esfera dos direitos humanos, na qual o sistema das Nações Unidas é de caráter pluralista e flexível, permitindo que todos os órgãos principais assumam uma função direta e indireta e que se crie uma rede de órgãos subsidiários especializados.

A fim de ilustrar essa pluralidade e essa flexibilidade, farei um breve comentário sobre estes órgãos:

Órgãos principais

a. *Assembléia Geral*: além de competência quase ilimitada, tem poder para discutir qualquer assunto ou questão, dentro dos limites da Carta, e para fazer recomendações aos Estados membros sobre estes temas.
b. *Conselho de Segurança*: órgão que tem a responsabilidade de manter a paz e a segurança internacionais. Pode investigar qualquer controvérsia e determinar quais situações constituem violação grave aos direitos humanos. Esses casos são levados às Nações Unidas para que sejam adotadas as medidas coercitivas pertinentes. Nessas questões, o Conselho tem sempre a última palavra.
c. *Conselho Econômico e Social*: estabelecido pela Carta como um órgão intergovernamental submetido à autoridade da Assembléia Geral. Traz uma inovação. Realiza

estudos e recomendações sobre os direitos humanos e também sobre direitos de caráter econômico, social, cultural etc.

d. *Conselho de Administração Fiduciária*: tem como objetivos promover o respeito aos direitos humanos e a igualdade econômica e social, além de garantir a igualdade na administração da Justiça.

e. *Corte Internacional de Justiça*: somente Estados podem tomar parte nos casos da Corte, nunca pessoas físicas ou jurídicas. Os casos que julga são pouco relacionados aos direitos humanos.

f. *Secretaria*: formada pelo secretário-geral e sua equipe. O secretário-geral atua como o mais alto funcionário administrativo da Organização nas sessões da Assembléia Geral, do Conselho de Segurança etc. Sua função é proteger e promover o respeito aos direitos humanos.

Órgãos especializados

a. *Comissão de Direitos Humanos*: inicialmente era formada por um grupo de membros escolhidos a título individual. Diante da oposição dos Estados, o Conselho Econômico e Social decidiu que a Comissão seria formada por representantes não-governamentais dos dezoito membros das Nações Unidas. A Comissão elabora propostas, recomendações e informes ao Conselho sobre a Carta Internacional de Direitos Humanos, a Declaração Universal, a Convenção Internacional das Liberdades Cívicas, a condição jurídica da mulher, a liberdade de informação, a proteção das minorias, a proteção contra a discriminação etc.

b. *Comissão da Condição Jurídica e Social da Mulher*: tem o *status* de comissão intergovernamental diretamente dependente do Conselho Econômico e Social. Promove os direitos das mulheres no âmbito político, social e docente, e formula recomendações sobre os problemas considerados urgentes. Posteriormente foi incumbida da tarefa de promover os direitos civis das mulheres.

c. *Subcomissão de Prevenção da Discriminação e Proteção às Minorias*: em princípio, pensava-se em criar uma subcomissão para a discriminação e outra para a proteção das minorias. Mas decidiu-se fazer somente uma. Suas tarefas são: a elaboração de estudos e recomendações à Comissão de Direitos Humanos sobre a prevenção de todo tipo de medidas discriminatórias e outras tarefas que o Conselho Econômico e Social ou a Comissão de Direitos Humanos julguem importantes.

d. *Subcomissão de Liberdade de Informação e Imprensa*: examina os direitos, obrigações e costumes relacionados à noção de liberdade de informação e realiza tarefas encomendadas pelo Conselho Econômico e Social ou pela Comissão de Direitos Humanos. Depois da criação do projeto deontológico, desapareceu.

ELABORAÇÃO DA DECLARAÇÃO UNIVERSAL DOS DIREITOS HUMANOS DE 1948

A Declaração Universal dos Direitos Humanos de 1948 é a primeira formulação internacional dos direitos e liberdades de todos os membros da família humana.

Os horrores da Segunda Guerra Mundial despertaram a consciência do mundo para a estreita relação entre o respeito à dignidade humana e a paz, proporcionando um grande avanço na promoção dos direitos humanos "para todos". A Carta das Nações Unidas, pelo contexto histórico e por seu fundamento humanístico, estabeleceu a promoção do respeito e da observância dos direitos humanos como um dos propósitos da Organização, adotando posteriormente a Declaração Universal. As Nações Unidas queriam deixar claro para toda a humanidade que somente com o respeito à dignidade e aos direitos iguais e inalteráveis de todos os membros da família humana a liberdade, a justiça e a paz poderiam ser garantidas. Com a Declaração Universal reconheceu-se a importância internacional dos direitos humanos e, portanto, que sua violação traria conseqüências nos planos interno e internacional.

No processo que conduziu à adoção da Declaração, a tarefa mais difícil coube à Comissão de Direitos Humanos. Sua composição era um problema. Em princípio ela seria formada por nove membros escolhidos a título individual, mas diante das oposições surgidas o Conselho Econômico e Social decidiu que a comissão seria composta por representantes dos dezoito Estados escolhidos por ele. Desde o momento em que se criou o grupo de trabalho (Comissão Redatora) para realizar a tarefa encomendada, apareceram dois pontos de vista distintos sobre a forma do texto:

- O dos que defendiam a forma de uma declaração ou manifesto.
- E o dos que defendiam a forma de uma comissão.

O resultado dessa divergência de opiniões foi a divisão do que inicialmente seria um grupo em dois subgrupos. Como cada um elaborava um projeto próprio, a Comissão de Direitos Humanos tentou harmonizá-los. Para isto foram criados três grupos de trabalho e o resultado foi um novo projeto de Declaração. Depois de várias sessões da Comissão, em 28 de agosto de 1948, a declaração foi enviada à Assembléia Geral junto com outros informes e atas de deliberações. A apreciação e a discussão do Projeto de Declaração foram feitas pela Terceira Comissão, pertencente à Assembléia Geral, que decidiu — por 41 votos a favor, 3 contra e 7 abstenções — aprová-lo. O projeto de convenção e o informe sobre as medidas de aplicação foram rejeitados, pois não tinham condição de ser levados em consideração.

A partir desse momento, a Terceira Comissão se dedicou ao estudo detalhado dos projetos dos artigos e do Preâmbulo. Finalmente, em 6 de dezembro de 1948, o projeto de Declaração foi adotado pela Terceira Comissão por 29 votos a favor e 7 abstenções.

Deve-se ressaltar que a adoção da Declaração era considerada apenas uma etapa inicial. Ela estava incluída em um projeto muito mais amplo ao qual seriam incorporadas normas jurídicas obrigatórias contidas em um ou vários Convênios Internacionais, assim como medidas relacionadas à aplicação dessas normas.

Aperfeiçoamento do sistema (1949-1966)

Em 1948, depois da aprovação da Declaração Universal, e diante do esforço das Nações Unidas para garantir a proteção e a promoção dos direitos humanos, a Comissão de Direitos Humanos definiu como prioridade máxima a elaboração dos Tratados de Direitos Humanos: o Tratado de Direitos Econômicos, Sociais e Culturais e o Tratado de Direitos Civis e Políticos, ambos aprovados em 1966.

Outros instrumentos internacionais de grande alcance foram elaborados por órgãos como a Assembléia Geral e o Conselho Econômico e Social. A Comissão da Condição Jurídica e Social da Mulher também elaborou importantes normas internacionais relacionadas aos direitos da mulher, como por exemplo: os Direitos Políticos da Mulher (1952), a Convenção sobre a nacionalidade da mulher casada (1957) e a Convenção sobre o consentimento para o matrimônio (1962).

Alguns anos depois de iniciado o trabalho, as Nações Unidas observaram que, se o objetivo fosse a proteção e o cumprimento dos direitos humanos e das liberdades fundamentais por parte dos Estados, as atividades programadas teriam que ser acompanhadas de medidas mais enérgicas.

Diante da persistência do racismo e da segregação racial na África do Sul (*apartheid*), e tendo ainda na memória as atrocidades cometidas pelos nazistas, as Nações Unidas decidiram criar um instrumento jurídico internacional o mais eficaz possível para lutar contra tais situações. Assim, em 1965, foi aprovada a Convenção Internacional para a Eliminação de todas as

Formas de Discriminação Racial. Tendo entrado em vigor em 1969, a Convenção é o primeiro instrumento jurídico internacional, e um dos primeiros textos jurídicos do mundo, que estabelece medidas diferenciais em benefício de certos grupos raciais menos favorecidos. Além disso, é um mecanismo muito eficaz de supervisão internacional. Porém, há dois problemas: o primeiro é que a Convenção depende financeiramente dos Estados membros, uma vez que só pode ser financiada de forma subsidiária pelas Nações Unidas. O segundo é o atraso na divulgação de informações por parte dos Estados, o que prejudica sua capacidade de investigação e seu poder de ação.

Podemos dizer que os tratados mencionados anteriormente formam o mais amplo corpo do direito dentro dos Tratados Internacionais na esfera dos direitos humanos, tanto pelos aspectos envolvidos como por seu alcance geográfico. Mas a história legislativa desses instrumentos é complexa e relativamente longa.

Durante a criação dos Tratados, foram discutidas três importantes questões:

- *Sobre a conveniência de se criar um ou dois tratados.* Os defensores da criação de um só tratado argumentavam que não se podia fazer uma distinção clara entre as diferentes classes de direitos humanos e tampouco uma classificação por ordem de importância. Os partidários da elaboração de dois tratados afirmavam que os direitos civis e políticos podiam ser protegidos nos tribunais, enquanto os direitos econômicos, sociais e culturais não podiam ser protegidos por esta via. Além disso, os primeiros teriam aplicação imediata enquanto os segundos teriam que ser instaurados gradualmente.
- *Sobre se as disposições substantivas seriam redigidas em termos gerais ou específicos.* Os defensores da formulação geral opinavam que em um instrumento de caráter global seria impossível expor, de forma detalhada, o âmbito e o conteúdo de cada direito. Portanto, os tratados deveriam estimular os Estados a reconhecer e

promover estes direitos, mas não deveriam estabelecer as medidas a ser adotadas. Por outro lado, os partidários de uma formulação mais específica consideravam que os tratados não deveriam duplicar a Declaração Universal dos Direitos Humanos. Ao final, podemos encontrar nos tratados tanto artigos gerais como específicos.

- *Sobre se os tratados deveriam estabelecer mecanismos e medidas de vigilância internacional.* A referência, aqui, é mais às limitações. Sobre essa questão, há somente uma cláusula de derrogação em casos de exceção (art. 4) no Tratado Internacional de Direitos Civis e Políticos. Mesmo assim, há um acordo estabelecendo que esta cláusula derrogatória não pode afetar certos direitos considerados imprescritíveis.

No que se refere às medidas de vigilância, as duas posições concordavam que tais medidas deveriam ser produzidas no âmbito interno, apesar de alguns partidários defenderem a criação da vigilância internacional. Durante a Guerra Fria, essa matéria foi motivo de muita controvérsia, mas depois de se optar pela elaboração de dois tratados viu-se que a criação de mecanismos de vigilância em escala internacional seria mais conveniente.

O FUNCIONAMENTO DO SISTEMA (1967-1993)

Aplicação dos Tratados Internacionais de 1966

Quase dez anos depois de declarada pela Assembléia Geral a abertura do processo de assinatura, ratificação e adesão aos Tratados, se considerou que estes seriam um estímulo aos Estados para que reafirmassem suas obrigações com relação aos direitos humanos, pois tais tratados supunham um reflexo jurídico dos princípios consagrados na Declaração Universal.

Mesmo assim, foram criados o Comitê de Direitos Humanos e o Comitê de Direitos Econômicos, Sociais e Culturais, para garantir o respeito aos direitos consagrados nos Tratados. A função desses comitês consiste em assessorar, supervisionar, conciliar e investigar. Mas para realizar esta tarefa é imprescindível a cooperação entre os comitês e os Estados.

Outros procedimentos

Além dos comitês citados anteriormente, existem outros procedimentos importantes no sistema geral de supervisão dos direitos humanos no marco dos instrumentos das Nações Unidas. Alguns destes procedimentos são detalhados nos próprios instrumentos; outros têm surgido na prática dos órgãos de supervisão dos Tratados. Entre eles destacam-se:

- *O procedimento relativo às comunicações por parte das pessoas individuais.* Este procedimento possibilita que pessoas físicas cujos direitos humanos tenham sido violados possam apresentar denúncias ao Secretário Geral das Nações Unidas. Para que as denúncias sejam aceitas, alguns requisitos formais devem ser cumpridos; se os forem, o secretário-geral decidirá sobre a adoção provisória de medidas de proteção a fim de evitar danos irreparáveis, e dará um prazo de seis meses para que o Estado contra o qual se dirige a denúncia possa esclarecer a questão.
- *O procedimento relativo à controvérsia entre as partes.* As Nações Unidas prevêem que quando os Estados estão em desacordo sobre um aspecto podem resolvê-lo por meio de negociação, conciliação ou arbitragem.
- *O Centro de Direitos Humanos.* Principal instrumento da Secretaria no âmbito dos direitos humanos. Ocupa-se da vigilância ao respeito desses direitos e dá assistência à Assembléia Geral, à Terceira Comissão, ao Conselho Econômico e Social etc. Além disso, elabora informes sobre a aplicação de instrumentos relativos aos direitos humanos.

A Conferência Internacional de Direitos Humanos em Teerã (1968)

Por ocasião da comemoração dos 20 anos da aprovação da Declaração Universal dos Direitos Humanos, em 1968, a Assembléia Geral decidiu considerar 1968 o *Ano Internacional dos Direitos Humanos* e convocar uma Conferência Internacional de Direitos Humanos.

O objetivo da Conferência era reafirmar a vontade da comunidade internacional de impor limites às graves restrições ao exercício dos direitos humanos e intensificar atividades e iniciativas, tanto nacionais como internacionais, no âmbito desses direitos.

Além de ressaltar o cumprimento obrigatório da Declaração Universal para todos os Estados, a Conferência estimulou todos os membros da comunidade internacional a duplicar seus esforços na aplicação dos princípios estabelecidos na Declaração e nos Tratados. Surgiu, assim, a possibilidade de se examinar os progressos realizados.

Os problemas da discriminação racial, do *apartheid*, do analfabetismo e da proteção à família e à infância receberam especial atenção durante a Conferência.

Na Proclamação de Teerã, resultado da Conferência, foi decretado:

- Que os Estados deveriam ser pressionados a estabelecer procedimentos para examinar as violações dos direitos humanos.
- Que os Estados deveriam ser pressionados a conseguir meios para erradicar os problemas relacionados à política do *apartheid*.
- Estabeleceu-se que, para o exercício dos direitos humanos, se considerava essencial contar com políticas nacionais e internacionais racionais e eficazes de desenvolvimento econômico e social.
- E, por último, manifestou-se a necessidade de pôr fim à discriminação contra a mulher, melhorar a proteção à família e à infância e prosseguir as atividades de desarmamento.

As novas convenções

A partir de 1970, foram aprovados novos convênios que definiam detalhadamente as medidas preventivas e repressivas a ser adotadas para se ter um controle adequado dos textos normativos.

Destacam-se:

- Convenção Internacional sobre a repressão e a punição do crime de *Apartheid* (1976).
- Convenção sobre a eliminação de toda a forma de discriminação contra a mulher (1981), que deu origem ao Comitê para a Eliminação da Discriminação contra a Mulher.
- Convenção contra a tortura e outros tratamentos ou penas cruéis, inumanos ou degradantes, que deu origem ao Comitê contra a Tortura (1987).
- Convenção sobre os Direitos da Criança (1989), originando o Comitê dos Direitos da Criança.
- Convenção Internacional sobre a proteção de todos os trabalhadores migrantes e suas famílias (1990).

Paralelamente, a Assembléia Geral e o Conselho Econômico e Social decidiram criar o Comitê Especial, que poria em funcionamento os procedimentos adequados à tarefa de examinar as denúncias de violação dos direitos humanos em determinadas situações. Simultaneamente, ambos os organismos continuaram sensibilizando a comunidade internacional sobre questões relacionadas a esses direitos.

A expansão do sistema (1993-1995)

Em 1993, 45 anos depois da Declaração e 25 anos depois da Conferência Internacional de Direitos Humanos de Teerã, as Nações Unidas decidiram realizar uma Conferência Mundial de direitos humanos em Viena. Pretendia-se examinar e avaliar os progressos obtidos em relação aos Direitos Humanos e determinar os obstáculos que impediam seu avanço e os meios de superá-los.

A Conferência teve como missão primeira avaliar a eficácia das Nações Unidas em todas as esferas relativas aos direitos humanos, a fim de fazer recomendações que permitissem a todos, homens e mulheres, desfrutar plenamente de seus direitos. E, segunda, recomendar melhorias nos métodos de trabalho e nos mecanismos utilizados pela Organização. Em relação à distribuição dos recursos financeiros, dever-se-ia manter o respeito pela universalidade, a não-seletividade e a interdependência de todos os direitos.

Tanto os Estados membros das Nações Unidas como as organizações intergovernamentais e não-governamentais, internacionais e nacionais, participaram da fase preparatória da Conferência. Assim, um bom número das recomendações feitas foram aprovadas e incorporadas à Declaração e Programa de Ação de Viena.

Todas as questões tratadas foram de excepcional abrangência. Reafirmou-se que os princípios relativos aos direitos humanos constituíam o fundamento das Nações Unidas, mas que para conseguir os objetivos em matéria de direitos humanos os Estados membros teriam que contribuir, e não colocar impedimentos ou travas. Portanto, como o Estado é o protagonista, deve estabelecer os meios de vigilância na aplicação das normas e zelar por seu respeito no âmbito nacional. Um meio importante para demonstrar sua cooperação é a assinatura dos principais instrumentos criados pelas Nações Unidas.

Todos os participantes da Conferência estavam conscientes das grandes dificuldades que as Nações Unidas teriam de enfrentar ao assumir a difícil tarefa de proteger os direitos humanos. Esta atitude realista se reflete em toda a Declaração e Programa de Ação de Viena, que estimula as Nações Unidas e os Estados membros a estudar meios para aumentarem sua cooperação. Assim, algumas das propostas da Declaração têm como objetivo aprimorar os atuais programas de direitos humanos e pôr em funcionamento novas iniciativas que fomentem o exercício dos direitos humanos em todos os Estados. Mas para isso é necessária uma tarefa diligente e a longo prazo, que permita estabelecer uma infra-estrutura capaz de garantir a democracia e o império da lei.

Desta maneira, com a declaração de Viena, as Nações Unidas dispõem de diretrizes e orientações apropriadas para enfrentar os desafios do século XXI.

Um dos aspectos fundamentais da Declaração e Programa de Ação de Viena é a afirmação da universalidade de todos os direitos humanos, que aparece no parágrafo 5º da Declaração. Trata-se de um dos fundamentos da nova estrutura do sistema internacional de proteção aos direitos humanos. Porém, a unidade de critério não se refletiu nas tarefas e atividades posteriores. Para sua consecução, o programa de Ação de Viena convoca solene e urgentemente os Estados a aderir a todos os Tratados e a evitar, na medida do possível, recorrer à não-divulgação dos fatos.

Novas garantias em matéria de direitos humanos

As Nações Unidas continuam intensificando sua tarefa normativa, à qual têm se dedicado desde sua criação, adotando novas iniciativas no sentido de garantir, da melhor maneira possível, o respeito e a proteção aos direitos humanos.

Atualmente, seu objetivo é introduzir inovações operacionais (podemos destacar que, cada vez mais, depois da Guerra Fria, inclui-se um componente de direitos humanos dentro do mandato das forças de paz) e jurisdicionais (a partir de 1994 foi aprovado o projeto de Estatuto de um Tribunal Penal Internacional[2]).

Durante a Conferência de Roma, em 1998, a comunidade internacional constatou a diminuição dos conflitos internacionais e o aumento alarmante dos conflitos internos. Diante disto, evidencia-se a necessidade de se criar um tribunal (o Tribunal Penal Internacional) que julgue as violações cometidas tanto em conflitos internacionais como nos internos. O tribunal deveria ser independente, imparcial e ter competência para investigar

2. O TPI foi criado na Conferência Diplomática de Plenipotenciários das Nações Unidas para o estabelecimento de um tribunal penal internacional, realizada em Roma, em 1998. O TPI entrou em vigor a partir de 1º de julho de 2002.

oficialmente os casos de violação. Alcançar este objetivo é muito importante, pois significa passar de uma responsabilidade coletiva do Estado a uma responsabilidade individual com todos os seus pressupostos (mudar a atitude dos dirigentes dos países onde são cometidas as violações, revalorizar a vida humana etc.)

O 50º ANIVERSÁRIO DA DECLARAÇÃO UNIVERSAL DOS DIREITOS HUMANOS DE 1948

Neste meio século de existência, a Declaração tem servido como modelo a constituições, leis, regulamentos e políticas nacionais de proteção aos direitos humanos. Tribunais de diferentes países a consultam para interpretar disposições, tanto de leis internas como internacionais, a ser aplicadas. Assim, o que se iniciou como uma proclamação solene, mas não-vinculante, de direitos e liberdades tem adquirido o caráter de instrumento constitucional.

Esse sistema, de raiz essencialmente humanitária, destina-se a proteger o ser humano da forma mais ampla e segura possível, compatibilizando-se com a existência da ordem jurídica e dos direitos legítimos do Estado e da comunidade internacional. É um sistema que toma a pessoa como sujeito de direitos garantidos internacionalmente, separando-a do Estado, e que repousa em princípios comuns, como a exigência ética e jurídica de garantir, em qualquer circunstância, direitos individuais que, por seu caráter essencial ou básico, devem ser salvaguardados e aos quais não se pode renunciar.

No ano da comemoração do 50º aniversário da Declaração e às portas do século XXI, é propício e necessário examinar de que maneira os direitos humanos podem ser protegidos em todo o mundo e como essa proteção pode ser mais efetiva.

Os direitos humanos, mais do que qualquer outro componente do direito internacional e da política internacional, dependem, em grande medida, de parâmetros difíceis de ser definidos em um momento determinado, devido às constantes mudanças que experimentam. Não obstante, dada a experiência adquirida pela Organização desde a sua criação, pode-se apresentar uma visão global das principais tendências desta proteção universal dos direitos humanos para o próximo século.

Durante esses 50 anos, foram criados mecanismos minuciosos, complexos e densos para proteger e promover os direitos humanos. No entanto, as superposições e contradições produzidas fazem com que o sistema atual deixe de ser transparente. Além disso, percebe-se a necessidade de harmonização das diferentes convenções existentes em relação aos direitos humanos. Por tudo isso, parece oportuno realizar um estudo sobre a possibilidade de reformar totalmente o sistema de supervisão dos Tratados Internacionais de Direitos Humanos, com o objetivo de racionalizar procedimentos e reduzir o número de órgãos de supervisão. O resultado seria a elaboração de apenas um informe geral, no qual os Estados membros teriam a obrigação de apresentar informações sobre sua atuação aos diferentes organismos das Nações Unidas. Por outro lado, o estabelecimento de um só procedimento de supervisão da aplicação dos instrumentos internacionais dos direitos humanos reduziria os custos econômicos.

Tem-se observado que não é suficiente a criação de mecanismos para se obter uma proteção ótima dos direitos humanos por parte dos Estados e das pessoas. É necessário, acima de tudo, fazer nascer, tanto nos Estados como nas pessoas, a consciência ou necessidade de promover, proteger e garantir esses direitos.

Na celebração dos 50 anos da Declaração, vislumbram-se dois caminhos pelos quais as Nações Unidas podem conseguir alcançar seus objetivos:

- Educando e ensinando às pessoas e aos Estados a importância de se garantir direitos que estão acima de qualquer poder ou situação excepcional.
- Conseguindo que os Estados se submetam aos organismos internacionais criados para a proteção dos direitos humanos.

AS MULHERES E OS DIREITOS HUMANOS

Do ponto de vista histórico, a evolução dos direitos humanos não caminha paralelamente ao exercício desses direitos por parte das mulheres. Não se tem efetuado, simultaneamente, a igualdade formal e a sociológica.

Certamente, a entrada da mulher no mundo do trabalho significou sua incorporação em outros âmbitos da sociedade. Isso tem determinado o nascimento de uma nova leitura das relações interpessoais e uma mudança na compreensão da estrutura familiar.

A situação das mulheres tem sido habitualmente marginal. Talvez por isso suas primeiras exigências tenham se realizado de forma defensiva e agressiva. No entanto, sem essa postura, possivelmente elas não teriam conseguido tantas coisas e nem poderiam chegar à situação atual de moderação.

A comunidade internacional tomou consciência do problema da mulher muito antes da aprovação da Carta das Nações Unidas, mas por meio dela os direitos humanos das mulheres foram garantidos.

A maioria dos instrumentos de luta, proteção e promoção dos direitos humanos da mulher está baseada na Carta das Nações Unidas e na Declaração Universal dos Direitos Humanos, cuja autonomia contempla o exame de quaisquer questões relacionadas à discriminação por razões de sexo que apareçam na redação ou no exercício dos direitos.

As Nações Unidas sempre afirmaram que os direitos das mulheres são fundamentais, e que devem garantir a plena participação da mulher, em igualdade de condições com os homens, em todos os aspectos da vida política, civil, econômica, social e cultural. E a eliminação de todas as formas de discriminação por razão de sexo deve ser uma prioridade essencial da comunidade internacional. Por este motivo, os órgãos criados em virtude da Carta das Nações Unidas e os instrumentos internacionais têm adotado iniciativas para promover o avanço da mulher em todos os aspectos.

Nesse caso, a Organização Internacional do Trabalho (OIT) tem sido um órgão importantíssimo ao garantir uma série de medidas de proteção que, teoricamente, permitem a entrada da mulher no mundo do trabalho em condições de igualdade com o homem, e ao estabelecer particularidades no exercício dos direitos e deveres trabalhistas das mulheres.

Desde meados de 1970, as Nações Unidas têm tomado importantes iniciativas no âmbito do direito das mulheres. Entre elas, destacam-se:

- A Convenção sobre a eliminação de todas as formas de discriminação contra a mulher.
- O Fundo de Desenvolvimento das Nações Unidas para a Mulher (UNIFEM), criado em 1974, encarregado de delimitar e estudar as tendências e atitudes desfavoráveis para a mulher com o objetivo de propor medidas de fomento, educação e outras destinadas a diminuir estes problemas.
- O Instituto Internacional de Pesquisa e Capacitação para a promoção da mulher (INSTRAW), criado em 1976, dedicado a pesquisar modalidades de supervisão e avaliação dos efeitos que produzem os programas e os projetos na integração da mulher. Colabora estreitamente com o Fundo de Desenvolvimento das Nações Unidas para a Mulher, a fim de potencializar seu papel, sobretudo em relação à sua condição de mulher e a seus direitos básicos. A grande virtude desse Instituto é a rapidez com que alerta sobre o desenvolvimento de estratégias negativas em relação à situação econômica da mulher.

O Decênio das Nações Unidas para a Mulher (1976-1985), após a Conferência Mundial do Ano Internacional da Mulher realizada no México D.F., em 1975, proclamou que eram essenciais a igualdade da mulher e sua contribuição ao desenvolvimento e à paz. Para consegui-los, realizou uma Declaração e um Plano de Ação.

A Conferência Mundial do Decênio das Nações Unidas para a Mulher, realizada em Copenhague em 1980, aprovou um Programa de Ação no qual eram ainda mais destacados os vínculos entre o desenvolvimento e a melhoria das condições da mulher. Nesse mesmo ano, a Assembléia Geral aprovou a Estratégia Internacional de Desenvolvimento para o Terceiro Decênio das Nações Unidas, destacando a importância da mulher como agente e beneficiária do processo de desenvolvimento.

O Decênio das Nações Unidas para a Mulher foi concluído com a Conferência Mundial, realizada em Nairobi, para o exame e a avaliação dos êxitos daquela iniciativa. Seu resultado foi a elaboração de estratégias para o desenvolvimento da mulher. O funcionamento e a manutenção dessas estratégias, que são o principal instrumento de política geral das Nações Unidas para promover os direitos das mulheres, foram encomendados à Comissão da Condição Jurídica e Social da Mulher.

As estratégias de Nairobi estavam baseadas na eliminação de todas as formas de desigualdade entre homens e mulheres, e na integração da mulher ao processo de desenvolvimento. Tais princípios contribuem, de maneira essencial, para o fortalecimento da paz e da segurança internacional. Fez-se, ainda, especial referência à importância das medidas nacionais de aplicação das políticas propostas. Aos governos foi pedido que destinassem recursos e criassem mecanismos, ou reforçassem os existentes, para promover a plena participação da mulher em todas as atividades da vida civil de seus países. O Conselho Econômico e Social aprovou estas estratégias.

Em 1990, a Comissão da Condição Jurídica e Social da Mulher analisou e avaliou a aplicação das estratégias. Foram constatados, então, obstáculos graves que impediam o avanço da mulher, e recomendaram-se medidas a fim de superá-los. Entre essas medidas, destacam-se:

- A recomendação aos países para que fizessem o possível na conscientização das mulheres de seus direitos.
- O alerta para a ameaça da situação de extrema pobreza vivida por um grande número de mulheres no mundo.

- A proposta de definição de datas-limite para o cumprimento dos objetivos fixados. O ano 2000 para a eliminação das diferenças entre homem e mulher; e o de 1995 para a adoção de medidas que ajudassem as mulheres nas responsabilidades familiares e também na obtenção de um trabalho remunerado.

Essa mesma Comissão ficou encarregada de preparar a IV Conferência Mundial sobre a Mulher (realizada em 1995, na cidade de Beijing). Os objetivos dessa conferência eram:

- Tratar determinadas questões fundamentais relacionadas à mulher e ao seu desenvolvimento e igualdade em relação aos direitos humanos.
- Preparar um programa de ação e um calendário para a realização dos objetivos, que consistiam em definir um conjunto de medidas a ser adotadas nos próximos cinco anos e em determinar que todos os Estados teriam que arbitrar os mecanismos necessários para garantir o funcionamento de suas responsabilidades.

O resultado da Conferência de Beijing foi o documento *Plataforma de Ação*, destinado a obter a emancipação da mulher. Para isto, estabelece o documento doze áreas primordiais que devem ser melhoradas e as medidas a ser adotadas. O objetivo da plataforma é agilizar a aplicação das Estratégias de Nairobi para o desenvolvimento da mulher e eliminar os obstáculos que a impedem de realizar seu papel ativo em todos os âmbitos da vida privada e pública. Além disso, no capítulo IV do Documento da Plataforma, constata-se que a proposta de igualdade é neutra, isto é, que os direitos humanos têm uma totalidade universal. Mas, embora não tenham sexo, eles devem se diferenciar levando em conta as particularidades do caso das mulheres. Isto comporta a incorporação do conceito ou termo pessoal na análise e no estudo dos direitos humanos.

A partir de 1986, o Comitê para a Eliminação da Discriminação contra a Mulher tem formulado recomendações gerais, muitas delas com caráter formal, sobre a igualdade de remuneração, a igualdade de direitos para mulheres incapacitadas, a supressão da prática da mutilação genital etc. Mesmo assim, nos últimos anos o Comitê está realizando observações mais concretas.

A partir da Conferência de Beijing, a cada ano, a Comissão da Condição Jurídica e Social da Mulher tem revisado a aplicação dos quatro capítulos da Plataforma de Ação. Em 1998 fez-se uma revisão, em Nova Iorque, sobre os direitos humanos e as meninas. Pretende-se, assim, propor novas leituras do texto da Plataforma, evitando repetições. Durante as discussões dessas sessões manteve-se a idéia, já manifestada em Beijing, da universalidade dos direitos, demonstrando que a raiz do problema está em manter o equilíbrio entre a igualdade formalmente reconhecida e sua aplicação.

Durante a celebração do aniversário de 50 anos da Declaração Universal ficou claro que se estava pedindo uma reflexão não só sobre a incorporação de novos direitos como também sobre uma nova perspectiva de leitura dos já existentes. A tarefa do corpo legislativo é fazer com que a igualdade da mulher exista de maneira efetiva, estando sempre aberto às necessidades de modificação, melhora e adaptação às mudanças que ocorrem na sociedade. O problema é que teoricamente a mulher está em situação de igualdade em relação ao homem, mas na prática toda a norma existente não impede que continuem a existir discriminações.

CONCLUSÕES

Para finalizar, destacamos:

1. O surgimento e a evolução do ideário dos direitos humanos acontecem a partir de uma mudança na visão de mundo do ser humano. Enquanto ele é considerado um bem ou propriedade do monarca ou do Estado, não faz sentido que reivindique seus direitos. É a partir do momento em que o ser humano é considerado sujeito de alguns direitos que se começa a reivindicar o ideário dos direitos humanos.

2. Nesse contexto histórico, quando se fala de ser humano pensa-se somente no homem branco. As mulheres e outras etnias continuam em uma situação de total marginalidade.
3. É importante para a evolução dos direitos humanos a desvinculação do homem do caráter religioso que, até então, impregnava todo o pensamento filosófico. O homem convertido em ser racional, dono de sua vida, estabelece mediante tratados uma série de direitos inalienáveis e imprescritíveis para poder conviver com outros seres humanos.
4. A Declaração Universal dos Direitos Humanos não deve ser considerada um fim, mas um meio para poder obter o respeito a uma série de direitos para todas as pessoas.
5. Para poder obter este fim, os Estados participantes, redatores e criadores da Declaração Universal têm que ceder parte de sua soberania às Nações Unidas, concedendo-lhe autonomia suficiente para fazer valer seus tratados e resoluções.
6. A luta da mulher pelo reconhecimento, o exercício e a igualdade de direitos é uma tarefa árdua e longa. Não se trata tanto de um processo legislativo, mas de uma tomada de consciência, por parte de todas e de cada uma das mulheres, dos direitos que realmente temos. E de que esses direitos devem ser utilizados e respeitados para que sejam efetivos.
7. Atualmente estão sendo promulgadas leis, normas, diretivas comunitárias, recomendações mediante as quais se pretende conseguir a igualdade da mulher. Mas isto só será conseguido quando não houver entre homens e mulheres nenhum tipo de diferenciação por motivo de gênero; quando se falar de pessoas e não de homens e mulheres, mas sem que nenhum dos sexos renuncie a suas particularidades.
8. Os diferentes credos religiosos não têm ajudado no reconhecimento e no exercício dos direitos humanos das mu-

lheres. Por isso, muitos países ocidentais têm optado pela existência de um Estado desvinculado de qualquer credo religioso, ficando este reservados ao âmbito íntimo de cada pessoa. Que os diferentes credos religiosos sirvam para que as pessoas obtenham enriquecimento e liberdade pessoal, que o Estado não pode e nem deve oferecer, mas nunca para limitar ou coagir pensamentos e/ou atos!

9. Os diferentes credos religiosos têm que estar constantemente em contato com a realidade de seu tempo, com a evolução do pensamento sobre a concepção da pessoa, sobre a criação de novos tipos de família, sobre a situação atual da mulher. Um credo que somente vive e se nutre de textos de séculos e séculos atrás não pode ser, de nenhuma maneira, atual e reflexo do que se passa nas ruas. Como tudo na vida, deve mudar e evoluir.

REFERÊNCIAS BIBLIOGRÁFICAS

ASOCIACIÓN PARA LAS NACIONES UNIDAS EN ESPAÑA. *La Declaración Universal de Derechos Humanos* (coord. Xavier Pons Ràfols), Icaria-Antrazyt.

BALADO, M. e REGUEIRO, J. A. *La Declaración Universal de Derechos Humanos en su 50 Aniversario*, Bosch.

CASTRO CID, Benito de (org.). *Problemas básicos de la filosofía del Derecho: desarrollo sistemático*, Universitas.

INSTITUT CATALÀ DE LA DONA. *Dones de la Catalunya a Pequín*, Institut Català de la Dona.

NACIONES UNIDAS (ONU). *Las Naciones Unidas y los Derechos Humanos (1945-1995)*, Naciones Unidas.

OESTREICH, Gerhard y SOMMERMANN, Karl-Peter. *Pasado y presente de los Derechos Humanos*, Tecnos.

OS DIREITOS HUMANOS DAS MULHERES NA IGREJA CATÓLICA

JOAN BOTAM

A IGREJA CATÓLICA E O DISCURSO SOBRE OS DIREITOS HUMANOS

O discurso sobre direitos humanos da Igreja Católica (a Igreja Católica romana, que é à qual vou me referir) é recente. Sobretudo se o consideramos globalmente, tendo como referência a Declaração Universal dos Direitos Humanos proclamada pela ONU em 1948. Entretanto, as incursões que a Igreja Católica tem feito nos direitos particulares (derivados, em geral, das solicitações por justiça e paz) são bem mais antigas. Mas o discurso que tem os direitos humanos como objetivo, com a formulação que conhecemos hoje, não tem significado na prática, para dizer suavemente, grandes esforços de caráter pastoral, inclusive pela estrutura jurídica da Igreja. Ela própria, coletivo de homens e mulheres reunidos na escuta da palavra de Deus, seguindo Jesus Cristo para compartilhar como iguais, irmãos e irmãs, a mensagem evangélica da salvação, não é precisamente um exemplo de aplicação neste sentido. A partir disso, nos perguntamos de início: há de ser este o seu discurso? Ou, em outras palavras, os direitos humanos reconhecidos universalmente (os direitos e as obrigações) não hão de ocupar o lugar que lhes corresponde, de acordo com a sensibilidade atual, entre seus objetivos?

Evidentemente, associados como estamos à obra da Criação, com capacidade de compreender, amar, compartilhar e colaborar espontaneamente com a realidade, devemos situar nosso discurso sobre os direitos humanos em torno de nossos comportamentos relacionais. E também é certo que costumamos ter um discurso mínimo, de tons imperativos e questionamentos que, na minha opinião, devem preencher o espaço de notáveis lacunas. Geralmente, o meio ambiente e os povos e nações sem Estado não são levados em consideração. Este é um discurso que não trata sistematicamente de temas como as identidades, as atitudes e a dinâmica criativa. Ao fazermos a experiência de nós mesmos lançando mão de todas as nossas possibilidades, seria aberrante não levarmos em consideração tais temas, moldados como somos, o homem e a mulher, à imagem e semelhança de Deus (Gn 1,26-27). Para que nos entendamos, todos devemos falar em direitos e em mínimos. Entretanto, não podemos aceitar nunca, cada um desde as raízes de sua tradição cultural, que a formulação dos direitos reduza a expressão de toda a pessoa, a qual, obviamente, é infinitamente maior. Não são palavras de Deus, como sublinhado justamente em uma escola de teologia feminista, são palavras de homem. E como tais são insuficientes, reformistas e, sobretudo, podem ser melhoradas. Como já diziam os clássicos, se é importante o *ius conditum*, o é ainda mais o *ius condendum*[1].

A LINGUAGEM DOS PRIMEIROS CRISTÃOS

A linguagem dos discípulos, homens e mulheres que acompanharam Jesus de Nazaré, e que depois de Pentecostes submergiram na luz do mistério de sua morte e ressureição, tornando-se progressivamente uma comunidade cristã em busca do Reino

1. *Ius conditum*: direito estabelecido; *ius condendum*: direito a ser estabelecido. (N.T.)

de Deus e de sua justiça (Mt 6,33), não era nada excludente; era a linguagem de todos para todos. Aqueles discípulos, chamados *koinonia* (comunhão), animados pelo Espírito, se sabiam semente do Reino, luz em meio à escuridão da cidade. Compartilhavam a fé, celebravam-na e conjuntamente a irradiavam. Abertos a Deus, Pai e Mãe, uns a serviço dos outros, eram o Evangelho vivo, o Cristo da fé, realidade e anúncio simultaneamente (mais realidade e menos anúncio e, sobretudo, nunca o segundo valor sem o primeiro). Não buscavam poder, imagem ou fama. Entre eles, afirma o apóstolo Paulo ao escrever aos Gálatas, não havia nem judeu nem grego, nem escravo nem homem livre, nem mais o homem e a mulher: todos eram um só em Jesus Cristo (Gl 3,28).

Com a semente do Verbo plantada no coração, aqueles homens e mulheres, de origem majoritariamente mediterrânea, atuaram coerentemente, seguindo a exortação dos apóstolos com sinceridade e autenticidade. Coincidentemente, eram todos do mesmo meio social e cultural: "Considerai irmãos, quem sois vós que recebestes o chamado de Deus: não há entre vós nem muitos sábios aos olhos dos homens, nem muitos poderosos, nem muita gente de família distinta" (1Cor 1,26). Comunicavam-se em aramaico e grego. Em suas raízes levavam as lendas, os mitos e os valores de pelo menos duas tradições culturais. Portanto, não há nada de estranho no fato de que, ao buscarem viver conjuntamente a experiência cristã de um novo céu e de uma nova terra (Ap 21,1), se tenham gerado tensões positivas no interior do corpo eclesial. Em relação ao judaísmo, entraram juntos em cena os judeus cristãos, o mundo helênico, os cristãos gregos e o mundo inteiro, dentro e fora das fronteiras do Império Romano. Esforçavam-se indistintamente para ser fiéis aos valores do Reino anunciado por Jesus Cristo e às exigências de comunicação que as linguagens vigentes em seu tempo colocavam como um desafio. Como cidadãos de dupla filiação, sempre peregrinos, tinham neste mundo — o seu — o espaço, o local de trabalho, isto é, o lugar onde se davam e ao mesmo tempo recebiam. O lugar onde definitivamente ensaiavam a síntese pessoal e comunitária da encarnação dos valores que nunca passam. Cumpriam, assim, a missão recebida: evangelizavam e eram evangelizados. Sua linguagem deveria ser necessariamente inteligível. Para transformar e melhorar a realidade sobre a qual teriam que atuar, não podiam, como alguns talvez tenham pretendido, viver de costas para a história. Não eram do mundo, mas estavam no mundo para que, identificados com o Senhor, um só coração e uma só alma, o mundo acreditasse (Jo 17,21 e At 4,32).

A linguagem dos primeiros cristãos formou-se de acordo com a comunidade que ia se configurando. Uma linguagem de cor, tons e cadências às vezes surpreendentes até para eles mesmos. Uma linguagem viva, filha de posicionamentos plurais, de visões de mundo e, conseqüentemente, de eclesiologias diferentes. Não se intimidavam diante das diferenças. Acima de tudo estava a escuta da palavra, a comunicação, a fidelidade compartilhada no Evangelho. Em momentos nem sempre coincidentes, tinham que aprender a discernir o *kairós* "segundo os lugares, tempos e regiões frias, conforme a necessidade o pedisse" (Francisco de Assis, 2 Reg 4). Sem renunciar a nada, podiam se confraternizar com projetos e programas de ação plurais. Do contrário, como explicaríamos que, das três conquistas eclesiásticas mencionadas triunfalmente por Paulo aos Gálatas, a terceira, da igualdade homem–mulher, foi *sine die* praticamente esquecida? Nas culturas mediterrâneas, os fatores condicionantes não têm sido os códigos da cultura dominante? A respeito disso, muitos se perguntam se seria bem vista uma comunidade de homens e mulheres alternativamente patriarcal e matriarcal, ou ambas simultaneamente.

Igualmente, a partir dos séculos III e IV, por razões de Estado, podia ser tolerada uma comunidade que praticava a objeção de consciência em relação às armas. Uma comunidade que, por outro lado, desfrutando da segurança de suas fronteiras garantidas pelas armas romanas, minava-as desmontando o deus pagão da guerra com o antídoto da chamada força de amar, a não-violência ativa.

A IGREJA E O PODER

A pluralidade de planos e projetos que, do ponto de vista da comunhão, deveria constituir a grande riqueza do corpo eclesial desgraçadamente foi se debilitando à medida que se moldava institucionalmente a duvidosas conveniências de ordem temporal, consolidando-se e ganhando prestígio aos olhos do mundo. Como é sabido, foi graças à estruturação, à organização e à capacidade administrativa do Império que sete grandes concílios ecumênicos puderam ser celebrados. Os imperadores Constantino, Teodósio e outros, que os presidiram, foram considerados, com beneplácito geral, protetores da Igreja. Serviram-na e, logicamente, dela se serviram. A partir da efetivação dessa proteção, a Igreja institucional passou a ser vista por todos como aliada do poder, chegando ela mesma a ser poder. Ser cristão, motivo de chacota e perseguição durante muitos anos, paradoxalmente passou a ser algo bem visto: um título, uma fonte de privilégios, um carnê para pertencer e se manter no *establishment*, a classe dominante. O movimento de padres e freiras do deserto, que seguia radicalmente o Evangelho e foi considerado um movimento louco pelos pensadores de plantão, praticou por razões positivas a psicanálise da situação de tremenda desvalorização derivada daquela duplicidade[2]. Foi uma tentativa de ruptura à luz do testemunho dos primeiros mártires cristãos o que detonou a crise espiritual, base do monacato, da vida religiosa, dos movimentos apostólicos, da vida de todos os que experimentam Deus, mulheres e homens com ou sem nome. Uma tentativa sempre importante. Santos como Agostinho de Hipona, em sua busca das duas cidades, a de Deus e a dos homens, ensaio de resposta ao golpe mortal que significou para o Império Romano, pelo menos do Ocidente, a temida invasão bárbara, se de um lado demonstram o grau de identificação entre a Igreja e o Estado, por outro lado brindam-nos com a chave de interpretação dos pequenos e grandes vazios de que há tempos padece o corpo

2. Cf. Paul EVDOMIKOV, *Les âges de la vie spirituelle*, Paris, 1980, 73-161.

eclesial: a irrelevância do laicato e, em geral, da Igreja como povo de Deus. Tais vazios são conseqüência de visões institucionais excludentes, da priorização da ortodoxia — sobretudo no terreno da moral, acima da ortopráxis e da confiança que devem merecer os filhos e as filhas de Deus —, das tendências endogâmicas da gente que não tem fé, alérgica a tudo o que é novo etc. O afã de poder que fascina empobrece os dons proféticos da Igreja, marcando-a negativamente porque a priva de liberdade. O compartilhamento, a solidariedade, a igualdade, o diálogo, a criatividade, a imaginação etc. estão batendo há muito tempo a suas portas, mas uma eclesiologia de cunho unidimensional as mantém fechadas. A título de quê? Com toda a segurança, de uma chamada teologia do amor de Santo Agostinho. Uma teologia que vem de cima para baixo, no fundo ignorante da bondade das realidades humanas e, definitivamente, da Criação. Sobre isto Jostein Gaarder passa ao grande padre da Igreja que é Santo Agostinho um teste muito interessante em seu romance *Vita brevis — Carta de Floria Emília a Aurélio Agostinho*[3]. A reflexão de Floria, mulher que por um tempo foi companheira de Agostinho, faz pensar: "Minha concorrente, que eu era incapaz de ver, diz ela, não era outra mulher, era uma idéia filosófica... A concorrente de toda mulher, o anjo da morte do amor".

O teste pertence a um ingênuo inteligente, como o autor mesmo se confessa. É o teste que mede a nossa proximidade das bases, independente de tudo o que seja imposto de cima, de qualquer nível, inclusive o eclesial. O que está por trás do imperativo, da manutenção exagerada do *status quo*, das atitudes desconfiadas? Por que, por exemplo, entre as eclesiologias possíveis, a maioria se inclina por esta e não por outra? Nessa linha, a questão dos direitos da mulher é complexa: é jurídica, social e, sobretudo, cultural. É somente uma questão teológica? Devemos considerá-la, em todo caso, uma questão a ser estudada no marco de uma determinada eclesiologia, a do povo de Deus, aberta às transformações e sensível aos movimentos do

3. São Paulo, Companhia das Letras, 1998.

Espírito. "O vento sopra onde quer, e tu ouves a sua voz, mas não sabes nem de onde vem, nem para onde vai. Assim acontece com todo aquele que nasceu do Espírito" (Jo 3,8).

POR UMA CULTURA DA FÉ SEM FRONTEIRAS

A fé cristã, uma fé encarnada, não é somente uma resposta daqueles que a professam e vivem de acordo com as interpelações de um determinado meio cultural, ela é também cultura, por sua capacidade de criação.

Existe uma cultura da fé, uma cultura do amor, uma cultura da paz... com resultados sempre imprevisíveis. "Pois, em verdade, eu vos digo: se um dia tiverdes fé do tamanho de um grão de mostarda, direis a esta montanha: 'Passa daqui para acolá' e ela passará. Nada vos será impossível" (Mt 17,20). Uma fé capaz de mudar tudo, como afirma Maria: "... porque ele pôs os olhos sobre a sua humilde serva... fez por mim grandes coisas... dispersou os homens de seu pensamento orgulhoso; precipitou os poderosos de seus tronos e exaltou os humildes; os famintos, ele os cobriu de bens e os ricos, despediu-os de mãos vazias" (Lc 1,48-53).

Assim, então e sempre. Esta a raiz do movimento contestatório dos padres e monjas do deserto, das reformas da Alta e da Baixa Idade Média, através do papado e do monacato da época feudal, com Cluny e Claravall, dos movimentos mendicantes heréticos ou não, como os de Domingos e Francisco, da obra dos grandes reformadores dos séculos XV e XVI, do nosso próprio tempo, dos movimentos bíblicos, litúrgicos, sociais e ecumênicos que provocaram a centelha do Vaticano II, e, sem tardar, das experiências de diálogo interconfessional e inter-religioso, segundo o parecer do cardeal Martini, do Vaticano III ou, como outros desejariam, do Jerusalém II.

Isso é o que, visto em seu conjunto, fundamenta nossa esperança na Igreja Católica quanto à identidade e ao papel da mulher, apesar dos sinais contrários de fato e de direito. A meio caminho entre o Oriente e o Ocidente, recordemos a carta do primeiro congresso dos patriarcas e dos bispos católicos do Oriente Médio, realizado no Líbano de 9 a 20 de maio de 1999. Dirigindo-se às mulheres, a carta afirma entre outras coisas: "Vós desfrutais de um papel privilegiado na família, na sociedade e na Igreja... A Igreja está edificada em distintos campos do apostolado graças à vossa dedicação. Vós estais sempre dispostas a servir, a participar da vida da Igreja, em suas celebrações, em suas atividades, em suas assembléias, segundo os talentos e as capacidades de que o Senhor as tem dotado. Por isso vos agradecemos e trabalharemos convosco para que cada mulher obtenha seus direitos, possa cumprir a tarefa escolhida por Deus e realizar plenamente sua missão privilegiada na sociedade e na Igreja"[4].

A RECIPROCIDADE COMO CAMINHO E FIM

No coração dessa missão privilegiada de identidade e serviço, as relações interpessoais têm um papel decisivo. O outro, a alteridade, o campo em que nascemos e crescemos, homens e mulheres, e no qual somos todos significativos. Não amamos Deus, a quem não vemos, se não amamos o outro, a quem vemos. E no cristianismo não amamos se não há impulsos do Espírito de amor recordando-nos que devemos viver em comunhão, filhas e filhos, irmãos e irmãs em reciprocidade criativa, impossível de prever e, portanto, de programar. A reciprocidade de Clara e Francisco de Assis, para citar o exemplo emblemático magnificamente descrito pela poetisa barcelonesa, ainda que genovesa de nascimento, Ester de Andreis: nem ela era somente *anima*, nem ele somente *animus*. Ambos eram, conjuntamente: imagem do amor de Deus; projeto inacabado de sua bondade; mensagem de salvação acima dos convencionalismos culturais que paralisam os medrosos. Isto foi captado lucidamente por José Luis L. Aranguren, a propósito da lenda de Santa Clara, obra de Ester Andreis publicada primeiro em italiano e depois em espanhol: "Eu tendo a imaginar a santidade como resultado

4. *Documents d'Església*, nº. 729, 1 (nov. 1999), 583-589.

do trabalho duro e persistente que Deus realiza em nós. Ester de Andreis imagina-a, poeticamente, como uma expansão harmoniosa, ainda que não sem sacrifícios, de nossa personalidade. E provavelmente ela tem razão. Assim, dá um passo mais adiante e, para escândalo de certos psiquiatras e psicanalistas, parece que os santos têm uma predileção pelo amor divino que aparece entrelaçado ao amor humano"[5].

Volto ao início. Quanto aos direitos humanos das mulheres, não deveríamos pensar se, a partir da reciprocidade entre uns e outros, *koinonia* para os cristãos, somos capazes de situar em seus lugares os elementos culturais que nos são adversos no meio em que vivemos? A resposta é de cada um.

5. José Luis L. ARANGUREN, Prólogo a *Ester de Andreis*, Barcelona, San Juan, 1967, 9-10.

DIREITOS E DEVERES DAS MULHERES DO MAGREB: UMA APROXIMAÇÃO COMPARATIVA NO CAMPO LEGISLATIVO[1]

IOLANDA AIXELÀ CABRÉ[2]

Introdução

O Islã, através do direito islâmico, *fiqh*, e de sua recuperação nos correspondentes códigos de família, legisla e julga os acontecimentos e conflitos gerados no contexto da vida familiar (matrimônio, manutenção, herança, descendência etc.)

Os códigos civis ou familiares não foram aprovados nos países islâmicos antes de suas independências por causa da pressão exercida pelas potências colonizadoras. Uma prova disso foi a demora da legalização desses códigos. A República da Tunísia, não obstante ter sido a primeira do Magreb a promulgar a *Madjala*, código do estatuto pessoal mais crítico do norte da África em relação à lei islâmica, não o aprovou até 13 de agosto de 1956. Segue o reino marroquino que, entre novembro de 1957 e março de 1958, aprovou a *Mudawwana*, código familiar muito próximo à doutrina muçulmana. Finalmente, destacamos a República da Argélia, que até 9 de junho de 1984, auge dos movi-

1. Publicado na revista *Awraq*, nº 19 (1998), 249-267.

2. Doutora em antropologia. Conservadora do Museu Etnológico de Barcelona e membro do Instituto Catalão de Antropologia.

mentos islâmicos radicais, não havia aprovado um código semelhante à legislação do Corão.

Ao mesmo tempo em que estes códigos familiares ou civis eram aprovados, estabeleciam-se as respectivas constituições, majoritariamente inspiradas nas européias. Como veremos mais adiante, as contradições entre ambos serão profundas e constantes.

DIREITO E MOVIMENTO DE MULHERES

A esfera do direito move e legitima o coletivo feminino árabe-muçulmano em suas atuações cotidianas. Por esta razão, os/as feministas destes países têm tentado modificar as leis que mais desfavorecem as mulheres, eliminando algumas das questões que aparentemente perpetuavam as diferenças de gênero, como o sufrágio universal e o direito ao trabalho[3]. Embora as tentativas de transformar as sociedades definidas como patriarcais nunca tenham incluído em suas reformas o profundo, complexo e polêmico tema do parentesco, é precisamente sobre esse aspecto que se levantavam os verdadeiros elementos hierarquizantes da sociedade árabe em relação aos homens e às mulheres: patrilinearidade, patrilocalidade, família extensa, endogamia preferencial e poligamia.

Recorreremos a algumas propostas que o Corão estabelece para as mulheres e também a uma parte das que propõem os respectivos códigos civis desses países e suas constituições, para assim aproximarmos comparativamente as diferentes legislações.

MULHERES E GÊNERO NO CORÃO

O gênero que define homens e mulheres no Corão parte de um princípio de complementaridade, no qual cada um dos cônjuges tem atividades específicas — direitos e deveres — em sua vida cotidiana. As mulheres se realizam no interior da casa, no

3. Há uma extensa bibliografia sobre esse assunto: Daoud, El-Khayat, Mernissi, Bessis, Ruiz, Badran, Kandiyoti, Charrad etc.

âmbito familiar, como mães e esposas, assim como está no Livro[4]. Por outro lado, aos homens corresponde o espaço público, além do privado, e são eles os provedores da família. As mulheres no Corão além de esposas são mães, e é isto que as faz merecedoras de um respeito que lhes assegurará um teto durante a velhice na casa de seus filhos[5].

As mulheres devem ter um comportamento de modéstia e pudor em sua relação com os homens que não pertencem ao seu grupo de parentesco. De fato, a perda da honra despertaria fortes conflitos no âmbito familiar[6].

Por outro lado, o tipo de relação hierárquica entre homens e mulheres é muito ambíguo. Prova disso são alguns questionamentos radicalmente opostos que promovem algumas *ázores*[7]. Umas abordam o tema em termos de complementaridade e igualdade entre o homem e a mulher, enquanto outras sugerem a superioridade dos homens[8].

De todo modo, o Corão, tal como é interpretado pelos eruditos do Islã nesses países, justifica a dependência das mulheres: as relações entre os sexos são regidas por uma superioridade masculina fundamentada em tudo o que é familiar, religioso ou social.

OS CÓDIGOS CIVIS E AS CONSTITUIÇÕES

Marrocos

Os estatutos femininos marroquinos provêm do Corão e da doutrina e do direito *Malikí*, pertencente a uma das quatro esco-

4. Entre outros, sura XXXIII, Os partidos, versículo 33, p. 374, versículo 55, p. 377; também sura XVI, A abelha, versículo 74, p. 255.

5. O Corão, sura XXXI, Luqman, versículo 13, p. 365. Outros exemplos, sura XLVI, Al-Ahqaf, versículo 14, p. 444.

6. O Corão, sura XXIV, A luz, versículos 27, 28, 30 e 31, p. 317.

7. *Ázores*: capítulos do Corão. (N.T.)

8. Em relação à primeira, o Corão, sura IV, As mulheres, versículo 1, p. 108. Referente à segunda questão, sura IV, As mulheres, versículo 38, p. 112.

las do islã *sunní*. Assim, uma grande parte das leis da *Mudawwana*, código familiar marroquino, é baseada na *sarcoa*, e, ainda que muitas vezes entre em contradição com a Constituição, na maioria dos casos sai vitoriosa graças a sentenças judiciais[9].

A legislação feminina na esfera do código familiar

Não obstante o choque com o *fiqh malikí*, a *Mudawwana* impôs, no art. 8 al. 2, uma idade legal mínima para o matrimônio: 15 anos para a mulher e 18 para o homem. Antes, a chegada da puberdade definia a idade matrimonial.

Existe a figura do tutor do matrimônio estabelecida no Corão mas sem as prebendas que o Livro lhe outorga. Tal como está definida a relação tutor/prometida no código familiar, nem o tutor pode obrigar a jovem a se casar sem o seu consentimento, nem ela pode decidir por si mesma o matrimônio (art. 12 al. 4). Entretanto, depois da reforma da *Mudawwana*, em 1993[10], estabeleceu-se a necessidade da presença da futura esposa para firmar o contrato marital (art. 5.1). O dote, elemento essencial para a realização do matrimônio, é de propriedade exclusivamente feminina (art. 5, 16, 24, 35).

Uma diferença entre os sexos se estabelece pelo fato de que uma mulher muçulmana não pode se casar com um homem não-muçulmano, a não ser que ele se converta ao islamismo (art. 29). O contrário, porém, é permitido.

A finalidade do matrimônio é a procriação, e isto faz diminuir os novos papéis da mulher (art. 1). A adoção de crianças órfãs é proibida pelo Corão (art. 83). O direito marroquino obriga o marido a assumir os gastos do lar e a atender a todas as necessidades da mulher. De fato, toda pessoa tem que trabalhar para se manter, menos a esposa (art. 115), e quando ela o faz é necessária a autorização do marido[11].

---

9. L. ROSEN (1987, 1989), BOTIVEAU (1992).

10. Nesta reforma se alteraram alguns dos 297 artigos que compõem a *Mudawwana*, mediante o decreto (*dahír*) nº 1-97-437, de 10 de setembro de 1993. Cf. BLANC y ZEDGUY (1996) ou C. Ruiz de ALMODÓVAR (1995).

11. Art. 726 do Código das obrigações e contratos (SECRETARIA DE ESTATÍSTICA, 1990, 245).

Não obstante as aparentes mudanças, o princípio do *fiqh* segundo o qual o marido é o chefe da família e a mulher deve obedecê-lo em todas as suas decisões (art. 36 al. 2) é um dos pontos cruciais que permitem perpetuar a condição das mulheres como mães e esposas. A poligamia original proposta pelo Corão está em vigência (art. 31), mantendo a monogamia para a mulher. Mas há também algumas cláusulas que limitam seu abuso. Por exemplo, as esposas não podem conviver na mesma casa sem consentirem nisso.

As mulheres têm direito a divorciar-se do marido. As causas mais comuns são: se estão submetidas a violência (art. 56); se o marido as abandona por um período superior a um ano (art. 57); ou se ele não cumpre a obrigação de mantê-las (art. 53).

Por outro lado, vale a separação dos bens entre os cônjuges estipulada pelo Corão, na qual a mulher pode conservar a administração de seus bens sem a interferência do marido (art. 53). O direito à herança de ascendentes, descendentes, viúvas e irmãs é igual ao proposto no Corão.

A legislação feminina na esfera social da Constituição

A Constituição de 10 de março de 1972 estabelece a igualdade de todas as marroquinas perante a lei (art. 5), consagrando a igualdade nos direitos políticos e civis de homens e mulheres (art. 8), bem como as liberdades públicas (art. 9). Também nos interessa destacar os artigos nos quais se afirma que todos os cidadãos têm o mesmo direito à educação e ao trabalho (art. 13).

Argélia

A legislação que regula o coletivo feminino na Argélia é mais semelhante ao *fiqh*, sobretudo ao Corão, do que a certos princípios franceses observados na sua Constituição. O código de família argelino, influenciado pelos ritos *malikí* e *hanafí*, teve sua aprovação atrasada por causa das tensões no país, dos conflitos desencadeados constantemente entre os partidários da "islamização da sociedade" e os da "modernização do islã". Assim, o código não foi aprovado até 9 de junho de 1984, e só serviu para deixar a sociedade argelina em uma profunda situação de ambigüidade social.

Durante a guerra contra a França, as mulheres desempenharam um importante papel transportando bombas por baixo de suas vestes e lutando lado a lado com os homens. No entanto, elas foram deixadas de lado após a independência. Sua luta não estava dirigida para as reivindicações femininas mas para um objetivo de bem-estar comum para todos os argelinos: a independência.

A legislação feminina na esfera do código familiar

O código de família argelino, com algumas exceções, tem sido construído desde as *ázores* do Corão e reconhece a família como célula básica da sociedade (art. 154).

A idade mínima para se contrair matrimônio é de 21 anos para o homem e 18 anos para a mulher[12]. O casamento entre uma mulher muçulmana e um homem não-muçulmano é proibido[13]. O consentimento dos cônjuges é necessário para o matrimônio (art. 10), e esse consentimento deve ser dado explicitamente, ainda que a figura do tutor seja obrigatória, assim como a entrega do dote (arts. 9 e 14). Como impõe o Corão, mantém-se a devolução à mulher de metade do dote caso haja divórcio antes de se consumar o matrimônio (art. 16).

O princípio de obediência da esposa ao marido, o qual a submete a uma tutela marital, está estipulado assim no art. 19: "a esposa deve obedecer a seu marido e tê-lo em consideração

12. Lei Khemisti de 29 de junho. Não obstante, é possível se casar antes da idade permitida pela *fatha* (NOUREDINE, 1991, 53).

13. De acordo com uma circular de 2 de janeiro de 1967, opõe-se ao art. 16 da Declaração Universal dos Direitos do homem, assinada pela Argélia, segundo o qual existe a liberdade do matrimônio sem distinção de raça, nacionalidade e religião.

na sua qualidade de chefe da família; deve respeitar os pais de seu marido e seus parentes próximos". Entretanto, a mulher pode administrar seus bens sem a interferência legal do marido (art. 38). O marido tem a obrigação de manter a mulher e de proporcionar-lhe tudo aquilo de que precisa (arts. 36 e 37). A poligamia é permitida desde que haja consentimento feminino (art. 8). Para o divórcio é necessário o consentimento dos dois cônjuges (art. 48), e o tutor deve ser obrigatoriamente notificado (art. 11). As supostas vantagens que existiriam para as mulheres em relação a essa questão são muito relativas, posto que existe, por um lado, uma lei estabelecendo que a mulher prejudicada pode ser protegida e compensada através do juiz (art. 59), e, por outro, a negação de seu direito ao divórcio (art. 53).

Destaca-se também a aprovação do divórcio mediante uma reparação, ou seja, a mulher pode separar-se depois de acumular uma soma equivalente ao dote (art. 54).

A legislação que regula a herança, com algumas exceções pouco importantes, é a mesma proposta no Corão.

A legislação feminina na esfera da Constituição

A ambigüidade legislativa a que nos referíamos está plasmada em sua Constituição, na qual se proclama (arts. 6 e 7) a igualdade dos sexos em direitos e deveres. Também são fundamentais o direito à educação, estabelecido no art. 50 da Constituição, e o estatuto Geral do Trabalho, que garante o direito ao emprego e à igualdade salarial (art. 8).

Tunísia

A legislação da Tunísia é inspirada nos princípios modernistas da *Nahda*. Seu código do estatuto pessoal é o mais crítico do norte da África em relação ao *fiqh*, chegando inclusive a condenar questões consideradas completamente incorporadas à vida cotidiana muçulmana, como a poligamia, o repúdio, a adoção, o aborto... Essa situação, mais próxima da de uma sociedade européia, começou com a independência. Até 1956 as mulheres dependiam da legislação do Corão. Nosso interesse é comprovar que este país não é tão "progressista" como pretende e nem está tão distante, do ponto de vista legislativo, dos outros países do Magreb[14].

A legislação feminina na esfera do código familiar

A idade mínima para o matrimônio é de 17 anos completos para a mulher e 18 anos para o homem (art. 5). É necessário o consentimento de ambas as partes (art. 3, al. 1), e não se pode realizar por influência do tutor, contra o desejo da jovem. O tutor é obrigado a legitimar o matrimônio e deve ser o parente agnático mais próximo (art. 8 e 9). É necessário também o pagamento de um dote pelo marido que deve constar no contrato de matrimônio (art. 3, al. 2).

Apesar de aparentemente não ser censurado pela legislação, o casamento de uma mulher tunisiana com um homem não-muçulmano é proibido indiretamente por um artigo que se opõe a todas as questões discrepantes em relação à lei islâmica (art. 5).

A poligamia é proibida e a lei prevê um ano de prisão para quem desobedecê-la (art. 18). A filiação é agnática (art. 69), ou seja, o pai dá legitimidade à família e só com a sua morte a tutela legal feminina poderá ser exercida (art. 154).

Por um lado constatamos que, por mais que tivessem ocorrido mudanças, os grandes nós da legislação permaneceram. Prova disso é o fato de conceder ao homem poderes soberanos como chefe de família (art. 23, al. 2): existe um princípio de obediên-

14. Digo que o dever é feminino porque o homem não tem nenhuma obrigação de conviver com a mulher permanentemente, ainda que exista um período máximo de ausência, como estabelece o art. 40 do Código do Estatuto Pessoal. (CHÉRIF, 1995, 47)

cia da esposa em relação ao marido, de coabitação, que contradiz seus direitos constitucionais ao trabalho e à educação. A mulher pode se encontrar em uma situação na qual, diante de uma emigração obrigada do marido, tenha que abandonar o emprego e os estudos sem qualquer possibilidade de escolha. O mesmo acontece com o pleno direito jurídico das mulheres[15], que só é restringido quando elas estão casadas. Já com o direito ao trabalho, sucede que a mulher deve pedir permissão ao marido para poder realizar qualquer tipo de trabalho[16].

A separação por abandono familiar é causa de divórcio tanto para o homem como para a mulher (art. 53), e o divórcio abusivo (sem causa) é objeto de repúdio judicial (art. 31).

Por outro lado, conforme o direito muçulmano clássico, a lei tunisiana institui o sistema de separação de bens entre os cônjuges. O regime de sucessão da Tunísia também depende diretamente do Corão, com algumas poucas exceções[17]. Ao mesmo tempo existe uma fórmula consuetudinária, comum a todos os países aqui estudados, que permite deserdar as mulheres: o *habiz*[18]. Ela consiste na cessão em usufruto de uma propriedade a uma confraria, por um período determinado, com o objetivo de destiná-la a um fim benéfico. Vencido o prazo, a propriedade volta para seus donos. Na prática, geralmente, os bens destinados ao *habous* correspondiam às heranças das mulheres. No entanto, esses bens eram devolvidos aos homens do grupo. As mulheres podiam reclamar suas propriedades — e legalmente o faziam seus filhos varões adultos — mas na maioria das vezes perdiam o recurso[19].

15. Art. 7 do Código de obrigações e contratos (Id., 1991, 52).

16. Art. 831 do Código de obrigações e contratos. Esse texto é quase idêntico ao do art. 726 do código das obrigações e contratos da legislação marroquina citado anteriormente (Ibid.).

17. Uma delas é o direito da viúva a toda a herança depois da morte do marido. Art. 143 bis do código do estatuto pessoal (Ibid., 75).

18. FERCHIOU (1992, 1996). Essa forma de herança foi abolida em 1957, mas ainda é praticada (Ibid., 25-9).

19. GOODY, 1990, 373.

A legislação na esfera social da Constituição

Depois de fazer várias comparações a fim de relativizar a idéia de que a Tunísia seja um país menos mediatizado pelo Islã[20], deve-se reconhecer que foram introduzidos na sua legislação pontos extremamente polêmicos, como o planejamento familiar apoiado pelo Estado, além de uma lei, de 1995, que permite a interrupção voluntária da gravidez[21], e também a adoção, tão perseguida pelo Corão[22]. Esta última tem implicações importantes, porque supõe a possibilidade de se reconhecer a filiação transmitida pelas mulheres em substituição à filiação patrilinear, quando são elas que adotam[23]. Além disso, questiona a repartição patrimonial que tradicionalmente se restringia à filiação de sangue. Porém, como no Marrocos, a própria Administração Pública limita o acesso da mulher a alguns de seus departamentos[24] e a proíbe de realizar qualquer tipo de trabalho, na função pública ou privada, em horário noturno[25].

DIREITOS DAS MULHERES: SIMILITUDES E DIFERENÇAS ENTRE O CORÃO E OS CÓDIGOS FAMILIARES PÓS-COLONIAIS. O PAPEL DAS CONSTITUIÇÕES.

Nas legislações desses países mantêm-se as múltiplas disposições do *fiqh* sobre as mulheres. Apenas algumas têm se salvaguardado em toda a sua complexidade. Entre as exceções, destacamos o direito feminino à herança, a independência patrimonial de homens e mulheres, e a definição do pai e do marido como responsáveis pela família.

Sobre os direitos das mulheres à herança, vemos que as transformações sociais ocorridas em alguns países poderiam ter

20. CHITIOUI, 1992.
21. Lei que modifica o art. 214 do Código Penal (CHÉRIF, 1991, 99).
22. Lei de 4 de março de 1958 (Ibid. 57).
23. LARCOSTE-DUJARDIN, 1991, 219.
24. Art. 11 do estatuto da função pública (CHÉRIF, 1991, 90).
25. Art. 23 do código do trabalho (Ibid., 91).

incorporado disposições ou anulado alguns de seus princípios básicos. As causas disso poderiam ser, nas últimas décadas, as incipientes mudanças na estrutura de parentesco árabe, como a transformação da propriedade, produto de forte expropriação territorial por parte dos colonizadores na Argélia e, em menor grau, no Marrocos e na Tunísia. Isso debilitou os vínculos de parentesco, já que o território era um dos elos de união da tribo. Na Tunísia, a nuclearização familiar e o enfraquecimento dos vínculos extensos pelos processos de urbanização e migração interna fizeram com que as mulheres pudessem adotar potencialmente novas responsabilidades no meio urbano, como a incorporação ao mundo do trabalho e a responsabilidade sobre os filhos em caso de divórcio. Este é um fato visível em todos os países analisados, o que poderia significar que as mulheres recebem uma parte maior da herança porque são elas que sustentam economicamente o grupo e a descendência. Antes isso não era levado em consideração, porque elas não haviam assumido tantas responsabilidades. Vemos que a legislação árabe sobre sucessões responde mais a uma realidade social em que prevalecem as repartições segundo o critério de divisão igualitária entre parentes do que à centralização da repartição segundo a descendência direta com quem o responsável pela família coabita ou mantém relações. Provavelmente isso se deve a uma tentativa de amenizar as conseqüências da poligamia para as esposas e os filhos: é preferível receber uma pequena parte da herança do que não receber nada.

A separação efetiva dos bens é uma outra disposição que permanece nos três países analisados. Nem a mulher pode optar pelos bens do marido, nem este pode dispor dos bens de sua esposa, mas ambos podem administrar seus bens como melhor lhes pareça. Somente os descendentes poderão, por meio da herança, enriquecer-se, especular ou vender os bens herdados. Sobre a propriedade do solo, quando a mulher trabalha ou a propriedade é oferecida como dote, nos três países estes bens correspondem aos homens. Deve-se ressaltar que, na prática, a regulação exercida pela legislação sobre as heranças não se estende ao dote ou ao salário. Assim, a herança é uma riqueza da mulher, que pode optar por gastá-la dentro da família.

A definição do marido como chefe de família, tal como é tratada pelo Corão, incide de forma determinante na diferenciação das atividades de homens e mulheres. Esta nomeação permite ao homem legitimar-se como o responsável por todos os indivíduos dependentes dele, com poderes quase soberanos; portanto, as mulheres devem obedecer-lhe. A dependência marital se traduz, pois, em uma diminuição dos direitos das mulheres casadas. A consolidação desse direito e a afirmação de que todo o indivíduo deve se sustentar, menos as esposas (exposta mais claramente no Marrocos, mas uma realidade também nos outros países), certamente determinam um enfrentamento entre os cônjuges, caso a mulher queira trabalhar, posto que põe em questão a obrigação masculina da proteção e do sustento familiar.

Há ainda outras questões à margem destas, por exemplo a exigência de uma idade mínima para o casamento, questão que afeta a proteção da infância e da juventude. Também é uma medida que colabora, junto com as freqüentes mas ineficazes campanhas estatais de contracepção, para o controle da precocidade dos matrimônios e, conseqüentemente, para a elevada taxa de natalidade destes países.

A importância da figura do tutor matrimonial também tem sido relativizada. De acordo com o Corão, ele teria o poder de escolher o futuro marido de sua protegida. Agora já não pode fazêlo porque ela tem o direito de rejeitar a sua escolha. Contudo, essa diminuição dos poderes do tutor é relativa, porque ele deve ser sempre um homem e tem sempre a última palavra, o que dá margem a pressões morais do tutor para que o casamento ocorra.

A lei da poligamia também tem sofrido mudanças. No Marrocos e na Argélia é mantida uma Disposição obrigando a que a mulher tenha conhecimento da poligamia praticada pelo marido, e caso ela não aceite pode evitar sua institucionalização. Apesar da lei e de uma política de fatos consumados, nas quais se espelham as legislações marroquinas e argelinas, se a esposa descobre, em um período inferior a um ano, que seu marido tem outra mulher em matrimônio e o denuncia, o divórcio é automático.

A proibição da adoção está vinculada a questões de herança. Legalmente, só podem herdar uma propriedade as pessoas que pertencem ao grupo de parentesco patrilinear. Como diz o Corão: "não se pode equiparar os direitos de tua descendência com a dos filhos adotivos". Não obstante, na Tunísia a adoção é considerada uma ação humanitária e de proteção à infância que, além disso, beneficia os casais porque pode estabilizar uma relação conjugal sem descendência[26].

Finalmente, temos que destacar o divórcio por mútuo consentimento ou pedido pelas esposas. Tanto um como o outro permitem a dissolução matrimonial. Uma novidade, já que, antes dos códigos familiares, a dissolução do matrimônio era de caráter unidirecional e masculino. A possibilidade do divórcio pedido pela esposa permite a separação em diferentes casos: se o marido não cumpre suas obrigações domésticas e/ou se abandona o lar por um período superior a um ano e/ou se a maltratar.

Depois dessa breve revisão dos Códigos Civis, é necessário destacar as modificações introduzidas nas legislações desses países pela via constitucional. Já dissemos que os três países promulgaram a igualdade de homens e mulheres perante a lei, os direitos políticos e civis, o direito ao trabalho, à educação e às liberdades públicas.

Essa delimitação igualitária dos direitos dos homens e das mulheres contradiz, na prática, as resoluções judiciais. Apenas um exemplo: se a igualdade entre homens e mulheres quanto ao trabalho está estabelecida, por que no Marrocos as mulheres casadas necessitam da autorização do marido para ser contratadas? Por que os juízes dão prioridade aos Códigos Familiares sobre as Constituições?

Portanto, as leis constitucionais que equiparam os sexos em seus direitos serão especialmente inúteis enquanto a família for considerada a célula básica da organização social, e enquanto

26. CHÉRIF, 1991, 58.

as mulheres casadas se sujeitarem aos respectivos códigos familiares que dão prioridade ao princípio da obediência das mulheres em relação aos maridos como máximos responsáveis pela família. Essas situações indicam que a emancipação feminina está relacionada com a dissolução da sociedade muçulmana.

De fato, é preciso ter em mente os movimentos de mulheres nesses países, que não só reivindicam a igualdade entre os sexos, mas também introduzem uma ampla e diversa reivindicação feminina, proclamando o direito de serem mulheres muçulmanas[27], reafirmando sua própria identidade e sem reduzir-se somente à condição de mães e esposas.

CONCLUSÕES

Tal como se depreende desta breve passagem pelo Corão e pelos Códigos familiares, as mulheres conhecem seus direitos e deveres na sociedade, a partir do lugar que ocupam na estrutura familiar. Apesar disto, o parente, com a ajuda da lei, recoloca a identidade das mulheres e limita, na prática, seu âmbito de ação. Assim, encontramos diferentes direitos, deveres e obrigações para as mulheres, segundo os diversos estados civis (solteiras, casadas, viúvas, repudiadas) e de acordo com o lugar que, em um momento determinado, ocupam na família (mães, filhas, irmãs, tias, avós...).

O gênero se legitima no âmbito de uma estrutura familiar árabe que potencializa nas mulheres suas atividades de mães e esposas. Esses estados familiares são considerados os melhores para elas.

Além disso, o gênero se constituirá com a eqüitativa formulação de complementaridade na divisão das atividades: as mulheres cuidam do lar e da unidade doméstica, e os homens da proteção e do sustento da família. A caracterização das mulheres como reprodutoras é explorada para além da unidade domés-

27. DAOUD, 1995.

tica, implantando-se na sociedade em geral, onde são consideradas reprodutoras sociais e guardiãs da identidade coletiva. Outra coisa são as implicações dessa teorização sobre as práticas sociais, como a divisão dos espaços, as possibilidades de auto-subsistência para a mulher, o reconhecimento social do trabalho feminino (seja doméstico ou não etc.).

Finalmente, a realidade vivida pelas mulheres é muito mais ampla do que a refletida nas leis, dado que elas têm desenvolvido suas próprias estratégias cotidianas. Além disso, suas ações têm um reconhecimento social e uma riqueza econômica e patrimonial própria:

— Participarão do parentesco, uma vez que é graças a sua disponibilidade que as alianças, tanto endogâmicas como exógenas, poderão se materializar.

— Receberão um dote como reconhecimento familiar por sua ajuda na criação de uma nova unidade doméstica e, portanto, de parentesco.

— Receberão parte da herança e terão direitos na divisão do patrimônio familiar.

— Poderão desfrutar de seus direitos com total independência do marido, da mesma maneira que um homem tem o direito de mantê-los só para ele.

— Disporão do direito de ser mantidas, no caso de estarem casadas, e o descumprimento desse direito lhes proporcionará o divórcio automático.

Estas questões nos permitem reconsiderar, a partir das práticas sociais, a interpretação androcêntrica das sociedades árabe-muçulmanas, sua ideologia, e o gênero que propõem: as mulheres, assim como os homens, constituem, recriam e legitimam o parentesco árabe-muçulmano e, desta maneira, contribuem para a manutenção de suas sociedades. No entanto, sua contribuição não tem sido reconhecida, com o propósito de simular uma absoluta, mas irreal, preponderância masculina.

REFERÊNCIAS BIBLIOGRÁFICAS

AFKAMI, Mahnaz (ed.). *Faith & Freedom. Women's Human Rights in the Muslim World*. London/New York, I. B. Tauris, 1995, p. 244.

BA MOHAMED, N. Un constitucionalismo ambivalente: pluralismo e ideología unanimista en Marruecos. *Revista Internacional de Sociología*, nº 14 (1996) 195-212.

BADRAM, Margot. *Feminists, Islam and Nation, Gender and the Making of Modern Egypt*. Princeton, Princeton University Press, 1995.

BELARBI, Aicha. *Le salaire de madame*. Casablanca, La Fennec, 1993.

_____. Femmes et société civile: Réflexions sur le cas du Maroc. In: *Droits et citoyenneté de femme au Maghreb*. Casablanca, La Fennec, 1997, p. 249-272.

BENNANI, Farida, La condition de la femme au Maroc. In: *Droits et citoyenneté de femme au Maghreb*. Casablanca, La Fennec, 1997, p. 145-173.

BESSIS, Sophie; BELHASSEN, Souhayr. *Femmes du Maghreb: l'enjeu*. Tunísia, Ceres Productions, 1992.

BLANC, François-Paul; ZEIDGUY, Rabha (eds.), *Moudawana. Code de statut personnel et des successions*. Rabat, Sochepress Université, 1996.

BORRAS, A.; MERNISSI, S. (eds.) *L'Islam jurídic i Europa*. Barcelona, Institut Català de la Mediterrània, 1998.

BOTIVEAU, B. *Loi islamique et droit dans les sociétés arabes*. Paris, Khartala, 1992.

BOUKHRIS, Mohamed. *Les droits de la famille*. Tunísia, Snipe "La Presse", 1992.

CONSTITUIÇÃO DO MARROCOS. 4 de setembro de 1992.

CHARRAD, Mounira. Formation de l'état et statu personnel au Maghreb: Esquisse d'une analyse comparative et théorique. In: *Femmes culture et société au Maghreb. Femmes, pouvoir politique et développent*. Casablanca, Afrique-Orient. 1996, v. II, p. 15-32,.

CHERIF CHAMARI, Alya. *La femme et la loi en Tunisie*. Casablanca, La Fennec, 1991.

CHITIOU AOUIJ, Emma. *Les droits de la femme*. Tunísia, Snipe "La Presse", 1992.

DAOUD, Zakya. *Féminisme et politique au Maghreb*. Paris, Eddif, 1993.

______. Les associations féministes maghrébines et la conférence de Pékin. *Annuaire de l'Afrique du Nord*, vol. XXXIV. CNRS, 1995, p. 899-906.

SECRETARIA DE ESTATÍSTICA MARROQUINA. *Statut économique et social de la femme au Maroc. Recueil analytique des textes*. Rabat, CERED, 1990.

El Corán. Barcelona, Plaza & Janés, 1980 (tradução de Juan Vemet).

EL-KAHYAT, Ghita. *Le monde arabe au féminin*. Paris, L'Harmattan, 1988.

FERCHIOU, Sophie. *Statut légal et rôles traditionnels de la femme tunisienne*. Rabat, Centre National de Documentation de Rabat, s/ ref., nº microficha 79-1229-H, 1970.

______. Catégorie des sexes et circulation des biens habous. In: *Hasab was nasab. Parenté, alliance et patrimoine en Tunisie*. Paris, Centre National Du Recherche Scientifique, 1992b, p.252-271.

______. Féminisme d'état en Tunisie. Idéologie dominante et résistance féminine. In: *Femmes, culture et société au Maghreb. Femmes, pouvoir politique et dévelopment*. Casablanca, Afrique-Orient, v. II, 1996, p. 119-140.

GALAL, Samal. Women and Development in the Maghreb Countries. In: KHOURI, N. & MOGHADAM V. (eds.) *Gender and Development in the Arab world*. London/New Jersey, Zed Books, 1995, p. 49, 70.

GOODY, Jack. *The Oriental, the Ancient, the Primitive*. Cambridge, Cambridge University Press, 1990.

KANDIYOTI, Deniz. Introduction. In: KANDIYOTI, D. (org.) *Women, Islam and State*. London, Mcmillan, 1991, p. 1-21.

_____. Women, Islam, and the State: A Comparative Approach. In: COLE, Juan R. I. (ed.) *Comparing Muslim Societies.* Michigan, The University of Michigan Press, 1992, p. 237-261.

_____. Patterns of Patriarchy: Notes for an Analysis of Male Dominance in Turkish Society. In: TEKELLI, S. (ed.) *Women in Modern Turkish Society*. London, Zed Books, 1995a, p. 306-318.

_____. Reflections on the Politics of Gender in Muslim Societies: From Nairobi to Beijing. In. *Faith* & & *Freedom, Woman's Human Rights in the Muslim World*, London/New York, I. B. Tauris Publishers, 1995b, p. 19-32.

LACOSTE-DUJARDIN, Camille. Les codes de statut personnel ou l'influence de la "charla" dans le droit familial. In: *L'edat du Maghreb*. Casablanca, La Fennec, 1991, p. 218-220.

_____. *Las madres contra las mujeres. Maternidad y patriarcado en el Magreb*. Madri, Cátedra, 1993.

LÓPEZ GARCÍA, Bernabé; FERNÁNDEZ SUZOR, Cecília. *Introducción a los regímenes constitucionales árabes.* Madrid, Centro de Estudios Constitucionales, 1985.

MARTÍN MUÑOZ, Gema (ed.). *Mujeres, democracia y desarrollo en el Magreb*. Madrid, Pablo Iglesias, 1995.

MAYER, Ann Elisabeth. Rhetorical Strategies and Official Policies on Women's Rights: The Merits and Drawbacks of the New World Hypocrisy. In: *Faith* & *Freedom. Women's Human Rights in the Muslim world*, London/New York, I. B. Tauris Publishers, 1995, p. 104-132.

_____. Le lois sur le statut personnel en Afrique du Nord. Une évaluation comparative. In: *Femmes, pouvoir politique et développent*. Casablanca, Afrique-Orient, 1996, v. II, p. 33-52.

MERNISSI, Fátima. Comment priver un ouvrier de son salaire minimum. In: *Femmes partagées (jamille-travail)*. Casablanca, La Fennec, 1988, p. 59-79.

_____. *El miedo a la modernidad*. Madrid, Ed. del Oriente Medio y Mediterráneo, 1992.

MOULAY R'CHID, Abderrazak. *La femme et la loi au Maroc.* Casablanca, La Fennec, 1991.

______. La Mudawwana en question. In: *Femmes, culture et société au Magreb. Femmes, pouvoir politique et développent.* Casablanca, Afrique-Orient, 1996, v. II, p. 53-67.

NOUREDINE, Saadi. *La femme et la lois en Algérie.* Casablanca, La Fennec, 1991.

PÉREZ BELTRAN, Carmelo. *Estatuto jurídico de la mujer argelina: matrimonio y divorcio.* Granada, Universidad de Granada. S.d.

______. Entre erradicación y diálogo: mujeres argelinas. *Miscelánea de Estudios árabes y hebraicos.* Sección árabe-Islam, 1996, v. 45, p. 203-232.

RAHIM OMRAN, Abdel. *Family planning in the legacy of Islam.* Londres, Routledge, 1992.

RAMÍREZ, M. Ángeles. *Migraciones, género e Islam. Mujeres marroquíes en España.* Madrid, Agencia Española de Cooperación Internacional, 1998.

ROSEN, Lawrence, The Negotiation of Reality: Male-female Relations in Sefrou, Morocco. *Arab Society.* Cairo, American University in Cairo Press (1987) 223-240.

______. *The Anthropology of Justice. Law as a Culture in Islamic Society.* Cambridge/New York/New Rochelle/ Melbourne/ Sydney, Cambridge University Press, 1989.

RUÍZ DE ALMODOVAR, Caridad. El código marroquí de estatuto personal y su reforma de 1993. In: MUÑOZ, G. Martín (ed.). *Mujeres, democracia y desarrollo en el Magreb.* Madrid, Pablo Iglesias, 1995, p. 29-35.

OS DIREITOS HUMANOS DAS MULHERES NAS DISTINTAS RELIGIÕES (mesa-redonda)

IGREJA CATÓLICA

M. ROSA RECASENS I ARIZA

Antes de analisar um a um os 14 artigos nos quais a hierarquia eclesiástica não respeita os direitos fundamentais das mulheres, de acordo com a minha visão e reflexão, e sem a pretensão de possuir a verdade absoluta, vou começar com uma frase de Adolfo Pérez Esquivel ao inaugurar as jornadas sobre a campanha "Deute extern, deute etern?", com a qual o Col-lectiu está de acordo: "Ninguém poderá segurar o movimento das mulheres".

Em primeiro lugar, devemos lembrar que Jesus Cristo era judeu. Ele falava para os judeus e para seus contemporâneos. Não pensava segundo o século XXI.

Nada contra a Tradição, mas olhando o passado, vivendo o presente e pensando o futuro, constata-se que a Igreja Católica deve mudar muito.

Enquanto na base estão surgindo grupos novos e dinâmicos, a cúpula parece imóvel.

O que aconteceu no final do século passado? Com o Concílio Vaticano II, veio uma evolução. No entanto, como sempre ocorre, depois dele surgiu uma involução. Se somarmos evolução + involução obteremos uma revolução, que se fará não com armas ou bombas, mas com grupos reivindicando uma Igreja mais igualitária.

O papel da mulher na Igreja

Pensamos que, ainda que o papel da mulher seja relevante em algumas tarefas fundamentais da Igreja, seja catequese, Cáritas, participação de três mulheres como delegadas no Episcopado de Barcelona etc., ela se encontra marginalizada no governo e na direção da Igreja. Nesse sentido, constata-se que não existe nenhuma razão teológica suficientemente sólida para impedir que a mulher seja ordenada. Os argumentos sobre a masculinidade de Jesus e dos doze apóstolos não têm nenhum valor probatório. Temos consciência do peso da história compartilhada com as Igrejas irmanadas na ortodoxia. Mas não se pode esquecer que a Tradição, nos Padres da Igreja, é uma realidade viva, já que o Espírito "que leva à plenitude todas as coisas" segue encarnando-se na história por meio de crentes e não-crentes. Se estamos atentos aos sinais dos tempos, nos damos conta de que qualquer tipo de discriminação é contrário ao Evangelho (Gl 3,28).

A dignidade humana

A mulher, depois de estar submetida durante séculos a estruturas patriarcais, a injustiças e a todo tipo de discriminações, tem conseguido ao menos ser reconhecida na sociedade civil do mundo ocidental. Nem tudo foi alcançado, longe disso, pois ainda existem muitas mulheres maltratadas em muitos aspectos, e, por certo, tal reconhecimento nem chegou a despontar nos chamados países do Terceiro Mundo.

Os direitos fundamentais das pessoas devem ser respeitados, mas sem dignidade e justiça para todos não creio que seja possível chegar a isso.

E neste mundo, sobretudo nos lugares mais pobres, a mulher é ainda mais pobre, porque a ela é negado, e em muitos lugares continua-se negando, seu direito mais fundamental: "o direito à dignidade humana". Se a palavra "dignidade" quer dizer o respeito que cada um merece, é evidente que ao longo dos séculos a mulher não tem tido este direito e, evidentemente, em muitos lugares do mundo segue sem tê-lo.

A Igreja Católica deveria ter sido pioneira no reconhecimento dos direitos das mulheres, junto com outras religiões cristãs, porque é depositária da mensagem e do testamento de Jesus de Nazaré. Ele não discriminou ninguém, e ressaltou os direitos de todas as pessoas daquela época. Entretanto, a Igreja mantém estruturas patriarcais e androcêntricas que não favorecem o reconhecimento dos direitos da mulher, e tampouco os direitos dos leigos em geral.

Na Europa e em outros continentes, desde o início do século passado, a mulher tem despertado sua consciência adormecida na Igreja e começado a pensar por conta própria. É "o despertar da consciência", como dizia Rigoberta Menchú, prêmio Nobel da Paz, pensando em seu povo oprimido e envergonhado.

Às vezes somos obrigadas a ouvir: "A situação das mulheres na Igreja esteve mal ou está mal?"

A resposta é que, quando a mulher pensa por conta própria e se alimenta da vida de Jesus Cristo, se dá conta de que agora não será como antes.

Antes nos diziam que éramos todas coração, e nos haviam mutilado a mente, que individualiza a pessoa. Agora, não têm surgido acaso movimentos eclesiais femininos por todo o mundo? Não há cada vez mais mulheres estudando teologia e chegando à licenciatura ou ao doutorado, a partir de sua própria vivência de fé? E na liturgia por acaso as mulheres não se expressam com uma linguagem distinta da dos homens e também de uma maneira diferente?

O despertar da consciência adormecida

A consciência adormecida tem sido despertada. Por que há mulheres rebeldes? E por que cada vez são mais numerosas as organizações de teologia feminista ou feminina que vão surgindo em países como Alemanha, Espanha, Catalunha, Estados Unidos, entre outros da América Latina e África? "É sintomático", — diz M. Pau Trayner no V Encontro estatal 'Dones i teologia', celebrado em Barcelona em maio de 1995 — "que o florescimento destes grupos venha acompanhado do ressurgimento de um feminismo mais elaborado na igualdade e também no respeito pela diferença". Pode-se mesmo acrescentar, mais sereno, apesar de toda discriminação.

É evidente que o despertar da mulher de um estado de torpor não ocorreu por acaso. Descobrimos que nós mulheres também somos Igreja porque fazemos parte do povo de Deus. Portanto, mais do que catequizar, cuidar de doentes, acompanhar movimentos de jovens, estar ao lado de marginalizados, andar junto com pobres e oprimidos, ser delegadas... queremos também ser professoras de teologia, queremos servir nos ministérios e estar nos lugares de decisão. Queremos isso por dois motivos muito simples. Primeiro porque tudo nos é dado com uma visão de homem; as homilias são explicadas do ponto de vista masculino, a liturgia da mesma maneira. A Pastoral de Liturgia e *A missa de cada dia* da editorial Claret[1] são claros exemplos da quase invisibilidade da mulher. Segundo, há mulheres com vocação para seguir por esta nova via. E eu me pergunto se o Espírito pode se equivocar.

A mulher deve estar em todos os âmbitos da Igreja, já que em todos estes espaços deve haver a unidade e a pluralidade de ambos os sexos, para que todo o povo de Deus se enriqueça com toda plenitude. Portanto, os direitos das mulheres que tinham ou têm vocação para exercer os ministérios têm sido desrespeitados. E também têm sido desrespeitados os direitos do povo de Deus, porque não tem contado com metade da humanidade, as mulheres.

É evidente que ainda não se entende o que se quer dizer quando se fala do problema da mulher na Igreja. Embora eu acredite que este problema não exista, porque o problema é o homem e do homem, muitas pessoas do sexo masculino que formam a hierarquia eclesial não entendem nada deste assunto, e nem poderão entender nada. E dou graças aos que estão do nosso lado porque nos compreendem.

1. Famosa editora espanhola. (N.E.)

A hierarquia: escrava da lei

Em meu cotidiano cristão quero defender os marginalizados e oprimidos que a Igreja hierárquica pisa, como é o caso das mulheres, a quem são negados direitos fundamentais. Eu me pergunto: a Igreja é escrava de uma lei feita por homens? Estou vendo, e por isto não posso nem tenho que me calar, que a lei os faz limitar o espírito das Bem-aventuranças. Deixam-se julgar pelo direito canônico, pelo catecismo, pelas encíclicas, pelas cartas dos bispos e do papa, mas muitos deles não se deixam julgar pelas Bem-aventuranças, que poderíamos considerar um compêndio, um resumo de todo o Evangelho.

Creio que todo o choque que teve a gente culta da época de Jesus, juntamente com os escribas e fariseus, foi, nem mais nem menos, o fato de que Ele estava acima da Lei, e punha a Lei a serviço do ser humano e não o contrário. Por esta razão, lhe diziam: "Eis um glutão e um beberrão, amigo dos coletores de impostos e dos pecadores" (Mt 11,19), que falava com as mulheres, e, além disso, de países inimigos, como a samaritana (Jo 4,27-40), e com as viúvas, que naquela época não tinham seus direitos defendidos por ninguém, sobretudo se não tivessem filhos (Lc 7,11-17; 18,1-8; 21,1-4). Jesus curava aos sábados (Lc 13,10-17; 14,1-6). Poderíamos citar muitas outras situações que o fizeram entrar em conflito direto com os sábios da época. Assim esses sábios e fiéis cumpridores da lei decidiram capturá-lo e matá-lo. Eu acredito que o conflito estourou quando Jesus foi visto como um grande defensor dos direitos das pessoas, quando se soube que diante de Deus todas as pessoas eram iguais.

A Igreja, mãe?

— Se considerarmos os direitos humanos um conjunto de princípios que pertencem a qualquer mulher ou homem por sua simples qualidade de seres humanos;

— Se os considerarmos princípios próprios da natureza humana, que os possui por sua natureza de exigir aquilo que lhe é devido, e não uma concessão de qualquer poder ou instituição, mas algo que lhe pertence;

— Se soubermos que os direitos humanos foram estabelecidos em uma Declaração para defender os direitos de todos a crescer; do meu ponto de vista e vivência cristã de base, vejo que a Igreja, povo de Deus e, de uma maneira especial, a hierarquia — que deveria nos dar o exemplo —, enquanto defendem os direitos humanos no mundo, alguns de maneira enfurecida, se esquecem dos direitos das mulheres de sua Igreja.

Pergunto-me: Que mãe? Entranhas de mãe? Como se atrevem a chamar "mãe" a um conjunto de homens, o papa, os bispos...? (Não falo dos cardeais porque não deveriam existir.)

Como se atrevem a chamar "mãe" a todo um conjunto de homens celibatários? Sinceramente, penso que se trata da apropriação de um nome que não lhes pertence. Não será este fato, digo eu, um desrespeito aos direitos das mães, porque somos mães não só biologicamente, corporalmente e fisicamente, mas também espiritualmente, com autênticas entranhas de mãe?

Agora analisarei um a um os direitos humanos que, do meu ponto de vista, a Igreja hierárquica não respeita.

No momento, nos baseamos somente nos artigos da Declaração de 1948. Atualmente se está trabalhando numa reforma.

ART. 1:

Todos os seres humanos nascem livres e iguais em dignidade e direito, são dotados de razão e de consciência, e devem agir, uns em face dos outros, com espírito de fraternidade.

É evidente, que embora dentro da Igreja se proclame a dignidade e os direitos humanos das pessoas, ela não os respeita em determinadas situações. Entre elas, na questão da mulher, que sempre é deixada de lado, inclusive neste último sínodo. Nós, mulheres pelo Batismo e pelos direitos humanos, somos iguais em dignidade e direitos.

ART. 2.1:

Qualquer cidadão poderá valer-se de todos os direitos e liberdades proclamados na presente Declaração, sem distinção nenhuma, notadamente de raça, de cor, de sexo, de língua, de religião, de opinião política ou de qualquer outra de origem nacional ou social, de fortuna, de nascimento ou de qualquer outra situação.

Onde estão os direitos e as liberdades dentro da Igreja, quando esta segue o direito canônico, o qual desde sua criação não tem levado em consideração nem os direitos nem a dignidade da mulher?

ART. 3:

Todo indivíduo tem direito à vida, à liberdade e à segurança de sua pessoa.

Aqui posso repetir o mesmo que disse sobre o segundo artigo.

ART. 4:

Ninguém será mantido em escravidão nem em servidão; a escravatura e o tráfego de escravos são interditos sob qualquer forma.

É certo que não se pode comparar em absoluto a Igreja atual com um traficante de escravos dominados por tiranos. Ela é contra o tráfico de escravos, mas inconscientemente, posto que estava e está escravizada pela teoria dos homens através do tempo e não pelos atos de Jesus. Ela mantinha e mantém muitas mulheres como servas, provavelmente com seu beneplácito. São servas que não se tiranizam, mas tampouco são encaminhadas para outro destino. Como diz o conhecido ditado: "Não é o mesmo ser escrava do Senhor e escrava do monsenhor". Penso que se deve distinguir muito bem escravidão de serviço. Quando é negada à pessoa a capacidade de raciocinar, ela está sendo escravizada.

ART. 5:

Ninguém será submetido a tortura nem a penas ou tratamentos cruéis, inumanos ou degradantes.

A Igreja hierárquica nunca usou na época contemporânea os métodos de polícia próprios em tantos países como os denunciados pela Anistia Internacional e pela ACAT (Ação dos Cristãos para a Abolição da Tortura). Entretanto, há também outros tipos de tortura, não físicas, mas psíquicas, que têm marcado certas pessoas durante muito tempo ou talvez para sempre.

A Igreja hierárquica, sem perceber, enganada pelo "direito canônico", as têm tornado possíveis. Por acaso não têm sido torturados pela hierarquia e pelo povo muitos padres que se casaram? Não entendo por que não podemos ser esposas de padres. Além disso, por que um casal não poderia acompanhar a comunidade? Os homossexuais não têm sido torturados pela condenação da Igreja? Não têm sido também torturados os teólogos e teólogas que têm tomado a palavra sem o consentimento oficial da hierarquia? E assim poderíamos ir, repetindo pessoas e grupos.

ART. 7:

Todos somos iguais perante a lei e temos, sem distinção, direito a igual proteção da lei. Todos temos direito a igual proteção contra toda discriminação que infrinja esta Declaração e contra toda provocação a tal discriminação.

A Igreja patriarcal piramidal impede a ascensão da mulher aos ministérios.

Como fazê-la entender que não se pode discriminar porque existe o artigo 7 da Declaração Universal dos Direitos Humanos que ela mesma assinou? Como fazê-la entender que Jesus não discriminava os marginalizados de sua época? Como fazê-la entender que Jesus não queria qualquer tipo de discriminação?

Na Igreja terá que se fazer uma lei para defender os marginalizados e as marginalizadas, ou se terá que revisar o novo Código Canônico, apesar de ter poucos anos, editando outro com escassas páginas e letras, porque a única coisa essencial é o amor. Ou talvez fosse melhor suprimi-lo?

O Código Canônico teria que ser elaborado tendo em uma mão os Evangelhos e em outra a Declaração dos Direitos Humanos.

E proponho outra pergunta: há leis na Igreja que protejam os marginalizados e marginalizadas que não são respeitados pelos estamentos religiosos? Não, porque eles, os de cima, podem responder que se existem marginalizados é porque eles mesmos se marginalizam ao não cumprir as normas da Igreja.

Diante dessa situação temos um defensor, Jesus Cristo, que é AMOR com maiúsculas. Deveria haver leis eclesiais que defendessem os marginalizados. Mas como elas podem existir se eles consideram que não há marginalização?

Para mim o Evangelho é a LEI.

ART. 8:

Toda pessoa tem direito a um recurso efetivo, diante dos tribunais nacionais competentes, que a ampare contra atos que violem seus direitos fundamentais reconhecidos pela Constituição ou pela Lei.

Sei que a Igreja católica tem seus tribunais e é orientada por eles. Entretanto, não sei se nós, mulheres cristãs, em certos casos, poderíamos recorrer aos tribunais nacionais alegando que a Igreja não leva em consideração alguns de nossos direitos.

ART. 9:

Ninguém poderá ser arbitrariamente detido, preso ou exilado.

Cito este artigo porque penso que, ainda que não seja no sentido expresso por ele, às vezes a cúpula eclesial, com exceção de alguns episcopados, usa métodos pouco caritativos para expulsar pessoas do ensino religioso ou para vetar a palavra de teólogas críticas. Tem havido casos de destituição de vários professores e professoras de religião e de uma teóloga cansada de não ser levada em consideração no departamento de Moral da Faculdade de Teologia. E na raiz da destituição de Nuria Oriol da Catalunya Cristiana estava não só o desrespeito aos seus direitos, mas também aos do povo cristão que desejava uma abertura deste seminário.

ART. 12:

Ninguém será condenado por ingerências arbitrárias em sua vida privada, sua família, seu domicílio ou correspondência, nem por ataques a sua honra ou reputação. Toda pessoa tem o direito à proteção da lei contra tais ingerências ou ataques.

Eu tenho certas dúvidas quanto a este artigo. Faço apenas uma pergunta: estamos todos seguros e seguras de que em nome da hierarquia não há na Igreja ingerências na vida privada de alguma pessoa, ainda que no âmbito privado se afirme que elas não tenham sido arbitrárias?

ART. 15.1:

Todo indivíduo tem direito a uma nacionalidade.

Cometo aqui uma pequena fraude, trocando a palavra "nacionalidade" por "Igreja". Mas a hierarquia também a comete, já que tem feito do catolicismo um Estado. Anteriormente, disse que pelo Batismo temos de estar em todos os âmbitos da Igreja por direito e porque, até agora, a Igreja está em falta com meia humanidade.

ART. 15.2:

Ninguém pode ser arbitrariamente privado de sua nacionalidade, nem do direito de mudar a nacionalidade.

Não queremos mudar de Igreja. A doutrina falha; Jesus Cristo, não.

ART. 16.1:

A partir da idade núbil o homem e a mulher, sem nenhuma restrição quanto a raça, nacionalidade ou religião, têm direito de casar e de fundar família. Possuem direitos iguais em face do casamento, durante o casamento e quando de sua dissolução.

Neste ponto poder-se-ia incluir que o celibato não tem que ser relacionado obrigatoriamente aos ministérios. Portanto, não deveria haver nenhuma restrição ao casamento e à constituição de família por parte dos padres, que poderiam simultaneamente exercer seus direitos e deveres no serviço ministerial. Que a decisão seja livre! Porque o celibato imposto não é palavra de Deus, mas dos homens. Só de homens. Falo de padres, não de padres religiosos.

A mulher tem o direito de ser esposa de um padre. Particularmente, creio que não poderia ser qualquer mulher, só uma mulher com uma forte vocação.

ART. 18:

Toda pessoa tem direito à liberdade de pensamento, de consciência e de religião; esse direito implica a liberdade de mudar de religião ou de convicção, assim como a de manifestar sua religião ou sua convicção, isolada ou coletivamente, em público ou de modo privado, pelo ensino, práticas, cultos e realização de ritos.

Evidentemente podemos pensar, mas quando expomos nosso pensamento, e sobretudo quando ele difere do magistério oficial, é ignorado ou proibido pela Igreja, contrariando este artigo. Mas, claro, também se disse que este direito inclui a liberdade de mudar de religião. Assim, eles podem dizer que, se em algumas coisas nós mulheres não estamos de acordo com o pensamento oficial, podemos mudar de religião, somos livres para fazê-lo. Sim, disso já sabemos. Mas não queremos fazê-lo porque nós também nos inspiramos em Jesus Cristo, Filho de Deus. O que ocorre é que há distintas interpretações. Teríamos que sentar e ver o que podemos fazer para encontrar o equilíbrio. A comunidade eclesial e as mulheres, não só a hierarquia, devem discernir o que pertence essencialmente ao fato cristão, e, neste caso, ao fato feminino.

ART. 26.2:

A educação deve visar o pleno desenvolvimento da personalidade humana e o reforço do respeito aos direitos do homem e às liberdades fundamentais. Deve favorecer a compreensão, a tolerância e a amizade entre todas as nações e todos os grupos raciais e religiosos, assim como o desenvolvimento das atividades das Nações Unidas para a manutenção da paz.

O governo de Barcelona tem trabalhado esse aspecto.

A Igreja católica tem muitos colégios e muitos movimentos educativos. Por um lado, queria agradecer-lhes por terem muito em conta o artigo 26.2. Por outro lado, queria motivar os que o desconhecem a que o ponham em prática.

Também queria dizer à Igreja hierárquica que, em certos casos, ela não favorece a compreensão e a tolerância, e que às vezes limita o desenvolvimento da personalidade humana e não fortalece alguns direitos de suas filhas. Que seja coerente com a Declaração que assinou.

E posto que o citado artigo faz referência a favorecer a compreensão, a tolerância e a amizade entre os grupos religiosos, eu pergunto apenas: Não seria a hora de todos os credos cristãos celebrarem a Santa Ceia juntos?

ART. 28

Toda pessoa tem direito a que reine, no plano social e internacional, uma ordem tal que os direitos e liberdades enunciados na presente Declaração possam nela encontrar plena eficácia.

Sobre este artigo, quero insistir que a religião católica, juntamente com todas as religiões signatárias desta Declaração, deve lutar para que se cumpram os direitos fundamentais da pessoa no mundo e dentro da própria religião. No mundo, a Igreja católica o cumpre, ainda que devesse zelar com maior insistência pela defesa das mulheres maltratadas, das mulheres violadas nas guerras... Mas dentro da própria comunidade não o faz. Não pode ela proclamar os direitos humanos fora da Igreja, como o faz, se ela não respeita alguns deles em sua grande comunidade. Portanto, deve-se estabelecer uma ordem dentro da Igreja para que a Declaração Universal dos Direitos Humanos seja plenamente efetiva. Se não for assim, teremos que recorrer a ordens sociais e internacionais.

Dever-se-ia também estabelecer dentro da Igreja uma ordem formada por mulheres, homens, psicólogos, teólogos, padres, bispos, religiosos(as), leigos(as), pessoas com forte vivência de fé, à qual a mulher poderia pedir ajuda para defender seus direitos e também os direitos dos homens.

ART. 29:

Todo indivíduo tem deveres para com a comunidade, posto que tão-somente nela poderá haver o livre e pleno desenvolvimento de sua personalidade.

Se os direitos são tirados das pessoas, como podem elas cumprir seus deveres?

Se alguém não pode desenvolver livre e plenamente sua personalidade no seio da Igreja católica, talvez pudéssemos dizer que ela não é a autêntica Igreja de Jesus Cristo ou que não é como Ele a queria.

Considero-me um membro com plenos direitos na Igreja. Além deles, temos uma série de deveres em relação à comunidade que nos tem dado tantas coisas positivas e outras tantas negativas. Por estas, às vezes choramos amargamente.

Que quer dizer a questão da mulher na Igreja?

Esta epígrafe quer dizer simplesmente que queremos "abrir caminhos para uma Igreja integradora, não-sexista e mais evangélica".

E isto exige a revisão do conceito de feminilidade, de participação sociolaboral, de dignidade humana, de igualdade evangélica e de participação eclesial.

Exige superar a insegurança e a desconfiança em relação à mulher, bem como a sacralização do masculino, sobretudo o masculino ordenado, e superar, ainda, a questão da complementaridade dos sexos, a noção de sexualidade/reprodutividade e o tabu sexual.

E urge insistir: no questionamento das relações humanas no seio eclesial, no diálogo fraternal mulher–homem, na teologia feminista ou feminina, que abre novos caminhos para uma comunidade de iguais, e na reconstrução histórica feita por mulheres e homens.

Como disse Ramón M. Nogués, "eu não creio que se tenha que começar com uma redistribuição de poderes entre os sexos, mas que se busque uma nova relação entre mulheres e homens".

Se isto for possível e se insistir na revisão e superação que aponto acima, e que está muito presente no Col-lectiu de Dones en l'Església, os direitos humanos das mulheres podem um dia ser respeitados dentro da Igreja católica, para que possamos cumprir os deveres aos quais cada uma de nós tem sido chamada pelo sopro do Espírito de Deus.

IGREJA PROTESTANTE

Joana Ortega

Introdução

Antes de iniciar a discussão sobre os direitos humanos e como eles são representados nas diferentes religiões, convém esclarecer alguns conceitos. Falar de direitos humanos significa falar de um patrimônio comum e inalienável de toda a humanidade. Todos os seres humanos, sem exceção, pelo mero fato de sê-lo, guardam uma relação muito direta com os direitos. Tais direitos são o fruto da luta e do sofrimento do gênero humano desde que este foi atravessado pelas estruturas de poder, isto é, desde que o poder político, econômico e religioso utiliza a força para impor seus critérios às pessoas que carecem desses elementos de dominação.

Definição

Direito é um conjunto de princípios, preceitos e regras aos quais estão submetidas as relações humanas em toda relação civil, e cuja obediência pode ser obrigada pela força.

Os direitos humanos são inerentes à natureza humana e sem eles não se pode viver como pessoa.

Características dos direitos humanos

São inatos e congênitos. Todos os seres humanos nascemos com eles.

São universais, pois se estendem a todos os seres humanos em todo tempo e lugar.

São absolutos, porque se pode reclamar o seu respeito.

São necessários, porque sua existência é derivada da própria natureza humana.

São inalienáveis, porque pertencem à essência dos seres humanos.

São invioláveis, pois nenhuma pessoa, autoridade ou instituição pode atuar contra eles.

São imprescindíveis, isto é, formam um conjunto inseparável de direitos.

Toda pessoa tem direito a melhorar econômica, social e culturalmente.

Breve histórico

A esta altura da história não podemos negar que os avanços alcançados em relação aos direitos jurídicos e sociais das mulheres têm sido consideráveis, sobretudo na última metade do século XX.

Entretanto, não devemos e nem podemos pensar que essas grandes e positivas mudanças devem-se unicamente a nosso esforço. A verdade é que nós mulheres chegamos até aqui graças à luta e ao sofrimento de outras mulheres. Por meio de distintas épocas, elas têm refletido e atuado no sentido de que se reconheçam expressa e especificamente os direitos humanos das mulheres. Alguns desses eventos históricos são:

Séc. XVI Marie Lejars escreve no final do século *A igualdade dos homens e das mulheres.*

1731 Mary Astell escreve *Proposição formal dedicada às damas para a melhora de seus verdadeiros e maiores interesses.*

1789 As mulheres de Paris marcham até Versalhes e, gritando "liberdade, igualdade e fraternidade", exigem pela primeira vez o voto das mulheres.

1791 Sai a *Declaração dos direitos da mulher e da cidadã*, da Assembléia Nacional Francesa, na qual se postula o reconhecimento dos direitos e liberdades das mulheres. Sua redatora, Olympe de Gouges, é guilhotinada e suas companheiras reclusas em casas para doentes mentais.

1792 Mary Wollstonecraft publica o livro *Reivindicação dos direitos da mulher*, propondo que a mulher receba o mesmo tratamento que o homem na educação, na política, no trabalho e na aplicação da justiça.

1832 Mary Smith Stannore apresenta à Câmara dos Comuns uma petição reclamando os direitos políticos das mulheres.

1857 No dia 8 de março, as operárias de uma fábrica têxtil de Nova Iorque realizam uma greve exigindo o direito ao emprego e condições mais dignas de trabalho.

1866 O primeiro Congresso da Associação Internacional de Trabalhadores aprova uma resolução relativa ao trabalho profissional da mulher.

1889 Em 19 de junho, Clara Zetkin pronuncia um discurso sobre os problemas da mulher durante o Congresso da Segunda Internacional Socialista, celebrado em Paris, no qual defendia o direito das mulheres ao trabalho, à proteção das mães e dos filhos, e à participação da mulher nos acontecimentos nacionais e internacionais.

1899 Conferência de Mulheres em Haia condenando a guerra. Essa conferência inicia o movimento antibélico do século XX.

1908 No dia 8 de março, mais de 130 operárias morrem em um incêndio na fábrica onde haviam se reunido para reclamar direitos trabalhistas.

1910 Em 8 de março, Clara Zetkin propõe, na Segunda Conferência Internacional de Mulheres Socialistas, realizada em Copenhague, que todos os anos seja celebrado um dia da mulher no qual seriam reivindicados seus direitos e liberdades. Esta proposta foi assinada por mais de 100 delegadas de 17 países.

1911 No dia 8 de março é celebrado pela primeira vez o Dia Internacional da Mulher — na Alemanha, na Áustria, na Dinamarca e na Suíça —, ocasião na qual mais de um milhão de pessoas se reuniram para exigir, além do direito ao voto e ao exercício de cargos públicos, o direito ao trabalho, à formação profissional e o fim da discriminação no trabalho.

1912 O Dia Internacional da Mulher é celebrado na França, na Holanda e na Suécia.

1913 É realizada em São Petersburgo a primeira manifestação do Dia Internacional da Mulher.

1914 No dia 8 de março é realizada uma reivindicação de paz diante da ameaça da grande guerra que se anuncia na Europa.

1952 A ONU institui o 8 de março como o Dia Internacional da Mulher.

1975 Realiza-se no México a primeira Conferência Mundial sobre a Mulher, na qual se adota um "Plano de Ação" cujo resultado é a proclamação do "Decênio das Nações Unidas para a Mulher" (1975-1985).

1977 A Assembléia Geral da ONU aprova a resolução 32/142, pela qual os Estados são estimulados a proclamar um dia do ano como dia das Nações Unidas pelos direitos da mulher e pela paz mundial.

1979 A Assembléia Geral da ONU aprova a "Convenção sobre a eliminação de todas as formas de discriminação contra a mulher", à qual mais de 130 países já aderiram.

1980 Acontece a II Conferência Mundial sobre a mulher, em Copenhague, na qual se avalia a marcha do Decênio e se aprova um programa de ação com ênfase em questões relacionadas ao emprego, à saúde e à educação.

1981 Em julho ocorre o Primeiro Encontro Feminista Latino Americano e do Caribe, em Bogotá. O dia 25 de novembro é declarado dia internacional da não-violência contra a mulher.

1985 II Conferência Mundial sobre a Mulher, em Nairobi. Seu objetivo é avaliar os progressos alcançados durante o Decênio das Nações Unidas para a Mulher. Nessa conferência foram aprovadas estratégias para promover o reconhecimento social do papel das mulheres e do exercício de seus direitos humanos.

1994 A Comissão Interamericana de Mulheres apresenta uma resolução, na Assembléia Geral da Organização dos Estados Americanos, que aprova a Convenção Interamericana para prevenir, sancionar e erradicar a violência contra as mulheres.

1995 A ONU realiza em Beijing a IV Conferência Mundial sobre a mulher, na qual se adota uma Plataforma de Ação cuja meta é, no prazo de 15 anos, alcançar a igualdade, o desenvolvimento e a paz.

1998 Um festival em Harare encerra o Decênio ecumênico de solidariedade das Igrejas com as mulheres. Chegase à conclusão de que, mais do que falar de solidariedade das Igrejas com as mulheres, se deve falar da solidariedade das mulheres com as igrejas.

OS DIREITOS HUMANOS DAS MULHERES

É sintomático que estejamos questionando um tema como os direitos humanos das mulheres. A matização "das mulheres" não é supérflua se constatamos, sem duvidar de seu valor, que a Declaração dos Direitos Humanos, em seu nascimento, está fortemente relacionada à idéia do homem como modelo e representação do ser humano em sua totalidade, o que quer dizer que esses direitos humanos só têm tido como referência o sexo masculino como paradigma do humano.

No que diz respeito aos direitos humanos, constatamos novamente que interiorizamos o respeito a esses direitos em relação direta e natural com o homem, já que, se o substantivo "homem" fosse realmente inclusivo, não teríamos que falar dos "direitos humanos das mulheres", e tampouco seria problemático chegar a um acordo sobre quais são esses direitos.

A percepção patriarcal do mundo tem tido grande influência e se tem refletido absolutamente nos diferentes instrumentos nacionais e internacionais e, conseqüentemente, também nos direitos humanos, em suas idéias, sua linguagem, na transmissão de valores, costumes e hábitos. Por sua vez, isto tem dado lugar a uma compreensão masculinizada da sociedade e dos direitos de seus cidadãos. Nós, mulheres, temos sido tratadas nessa sociedade como seres inferiores, submissos e dependentes, sem nenhum direito e respeito por nossa identidade de gênero.

O certo é que pertencemos a uma sociedade em que a supremacia masculina é institucionalizada.

Apesar da antiguidade do patriarcado, o feminismo é o primeiro movimento que representa para ele um autêntico desafio, exigindo para as mulheres os mesmos direitos dos homens na sua qualidade de seres humanos: o direito à integridade física, ao trabalho, à educação, à cultura, ao acesso ao poder, a uma vida sexual saudável, plena e reprodutiva, ao acesso à terra e a facilidades financeiras, ao tratamento digno e à igualdade de condições e oportunidades.

Embora todo mundo entenda por direitos humanos os direitos de toda a humanidade, o certo é que seria necessário fazer uma reformulação global desses direitos sob uma perspectiva de gênero, pois a realidade prática dos mecanismos nacionais e internacionais na aplicação dos direitos silencia e torna invisíveis os desejos, as necessidades e as demandas das mulheres. Uma vez que as especificidades das mulheres não estão sendo levadas em consideração, seus direitos têm sido continuamente violados.

Deste modo, podemos dizer que entre direitos humanos, mulher e violência há uma relação muito íntima, pois é claro que os direitos das mulheres são contínua e insistentemente violados, revelando que o preconceito de gênero também influencia a aplicação das leis e o respeito aos direitos de *todos* os cidadãos.

Portanto, é necessário que as mulheres continuem a constituir grupos de pressão que denunciem a violação sistemática de nossos direitos e a exigir que as diferenças biológicas entre os sexos não resultem em desigualdades sociais, jurídicas, econômicas, familiares etc. Essas reivindicações também deveriam ser feitas pelas diferentes igrejas e religiões.

A VIOLAÇÃO DOS DIREITOS HUMANOS DAS MULHERES

Todos os dias, nas páginas dos jornais ou na televisão, temos notícia de algum ato de violência contra as mulheres. Em um caderno especial dominical do *EL País* de 7 de novembro de 1999 nos encontramos com as graves agressões que muitas mulheres *tutsi* sofreram nas mãos de homens *hutus* (há inclusive religiosos envolvidos no massacre ruandês). Portanto, é um fato que os direitos humanos das mulheres não têm sido levados a sério pelas diversas organizações e pelos organismos nacionais e internacionais.

Em nossa sociedade, quais são os principais atos que violam os direitos humanos das mulheres?

Violação do direito à integridade física

- No âmbito das relações familiares e do casal. A violência doméstica é uma realidade inegável na sociedade atual. Os casos de assassinato, suicídio, "feminicídio" etc. são parte da realidade cotidiana.
- O abuso sexual e o estupro, especialmente os incestuosos.
- A violência social em geral: assédio, violação, abuso sexual no trabalho e em outras instituições.

- O tráfico de mulheres e crianças para a prostituição forçada.
- O assassinato de mulheres pelas mãos de seus maridos, ex-maridos e companheiros.
- A mutilação dos órgãos genitais de milhares de mulheres no mundo, por razões religiosas sem nenhum fundamento.
- A violação sistemática como arma de guerra nos conflitos armados.
- A esterilização, o aborto, a utilização forçada de anticoncepcionais, assim como o infanticídio de meninas e a determinação do sexo antes do nascimento.
- A parcialidade da justiça, que promove a impunidade dos agressores, e absolvições que legitimam a opressão da mulher pelo homem.
- O fomento pelas religiões de uma atitude conformista das mulheres diante das agressões físicas e psicológicas das quais são vítimas. A elas pede-se paciência, silêncio e obediência ao jugo de seus agressores (maridos, companheiros ou conselheiros espirituais).

Violação do direito à liberdade

- Liberdade de desenvolver-se integralmente já que, geralmente, as mulheres são educadas para a subordinação e a discriminação, o que as impede de usar plenamente seus direitos como pessoas.
- Liberdade de expressão, de consciência, de religião, de reunião, de associação e mobilização, pois se espera que a mulher subordine seus pensamentos e ações aos do homem.
- Liberdade de movimento fora do matrimônio, não permitindo que a mulher trabalhe, estude ou saia sem autorização do marido.
- Controle da sexualidade e do corpo da mulher.
- Impedimento da mulher de ascender livremente a todos os âmbitos aos quais ascende o homem, seja qual for sua

religião. Entre a Divindade e a mulher, sempre se interpõe um varão (ou vários).

Violação do direito à igualdade

- Acesso ao sistema judiciário, à administração da justiça e a outros centros de poder, tanto civil como religioso.
- Negação do livre acesso à tomada de decisões em igualdade de direitos e oportunidades com o homem.
- Tratamento discriminatório na legislação e nos tribunais de justiça.
- Concluímos com a frase da doutora Nafis Sadik: *Nenhuma transformação fundamental em favor da mulher será possível sem que se produza uma mudança massiva nas atitudes masculinas.*

Os direitos humanos das mulheres são respeitados pelas religiões?

Não é preciso ser.muito perspicaz para se dar conta de que ao longo da história o fato religioso sempre ocupou um lugar muito importante, tanto positiva como negativamente, na criação, no estabelecimento e na aplicação dos direitos humanos. Podemos dizer que sem o cristianismo e seu imaginário ético/moral a reflexão ocidental sobre os direitos do homem teria sido, se não impossível, bastante improvável.

No entanto, temos dito que a discussão sobre os direitos humanos tem se desenvolvido entre e pelos homens. Isto quer dizer que tal discussão está impregnada de preconceitos e interesses masculinos. Prova é que, no início, nem sequer foi questionado se a mulher seria beneficiada por esses direitos que, em sua qualidade de humana, lhe pertenciam. Estava definido que os direitos humanos eram patrimônio único e exclusivo dos homens, paradigma de toda a humanidade.

A religião não escapa dessa compreensão. E mais: tem sido uma determinada interpretação dos textos e da cultura cristã, sobretudo na versão institucional, que tem fomentado e propiciado uma aplicação dos direitos humanos que exclui uma parte importante da humanidade, na qual se encontram as mulheres. E. Schüssler Fiorenza expressa isso muito bem quando diz que "as estruturas socioculturais de dominação têm sido teologizadas e, conseqüentemente, reforçadas".

Seríamos inocentes e românticas se não fôssemos capazes de reconhecer que na maioria das religiões estão sendo violados, um por um, todos os direitos das mulheres que citamos anteriormente: direito à integridade pessoal, à liberdade e à igualdade em suas diferentes facetas. Todas nós podemos pensar em exemplos que ratificam essa afirmação.

As mulheres na religião são fiéis de segunda classe, condenadas a viver sua fé e seu caminho na humilhação e na subordinação. Se não fosse assim, nós não estaríamos aqui refletindo sobre essa questão. Entretanto, o Evangelho conta com os instrumentos necessários para acabar com as injustiças históricas das quais a religião institucional tem sido e é absolutamente culpada.

CONCLUSÕES

- Apesar de progressos significativos no que diz respeito aos direitos humanos das mulheres, não temos garantia de que esses direitos venham a ser respeitados em sua totalidade. A sociedade segue impregnada pelos preconceitos sexistas, que dão lugar a respostas parciais na aplicação dos direitos humanos no caso das mulheres.
- São necessárias uma reformulação e uma sistematização dos direitos humanos que, sem anular os avanços conseguidos, tenham em conta a perspectiva de gênero, isto é, que levem em consideração que a pluralidade da espécie humana constitui sua principal riqueza, e que na defesa e no respeito dessa pluralidade se encontra o futuro da humanidade.
- Deve-se seguir trabalhando pela igualdade de direitos no que diz respeito ao acesso da mulher aos serviços de

atenção à saúde, à nutrição, ao planejamento familiar etc., potencializando dessa maneira seu direito de ser autônoma e dona de seu destino.

- Fomentar o pleno acesso da mulher à educação. É urgente acabar com a analfabetismo.
- Reconhecer e valorizar eqüitativamente o trabalho da mulher. Não se deve continuar permitindo desigualdades no trabalho devido a questões de gênero.
- Hoje, mais do que nunca, se faz necessária uma análise exaustiva dos problemas de discriminação que ainda subsistem nas diferentes instituições jurídicas, sociais, políticas, educativas e religiosas de nossa sociedade.
- O conjunto das religiões do mundo deveria questionar sua ignorância e sua falta de respeito pela dignidade de boa parte da humanidade, recuperando o princípio do amor ao próximo e de tratá-lo tal como gostaríamos de ser tratados. Nisto consiste a verdadeira religião: "a religião pura e sem mácula é esta: visitar os órfãos e as viúvas em suas aflições e guardar-se sem mancha do mundo". No momento em que aceitamos as estruturas de poder e de domínio reinantes em nosso mundo, que esquecem e silenciam o clamor dos oprimidos, nossa religião está manchada, é impura, e Deus está muito interessado em pôr as coisas em seu devido lugar (Mt 25,31-46).

A TRADIÇÃO PROTESTANTE

Famílias de igrejas

- Família Luterana
  — Várias denominações de origem alemã e escandinava.
- Família Reformada/Presbiteriana
  — Igrejas Reformadas (Origem: Suíça, França e Alemanha)

— Igrejas Presbiterianas (Origem: Escócia)
— Igrejas Congregacionais (Origem: Puritanismo na Nova Inglaterra)

- Família Anglicana/Episcopal (Origem: Inglaterra)
  — Igreja Anglicana (Canterbury: Igreja de Baixa Tradição)
  — Igreja Protestante Episcopal (Nova Iorque)
  — Igrejas independentes que seguem a tradição anglicana/episcopal
  — Tradição Evangélica Geral (Tendências separatistas ou não-conformistas)
  — Família Anabatista/Menonita
- Menonitas
- Amish
- Igrejas dos Irmãos
- Igrejas dos Amigos (Origem: quackers ingleses)
  — Família Batista (Origens inglesas e holandesas)
- Calvinistas (pró-missionários e antimissionários)
- Restauracionistas/Cambellistas
  — Família Pietista (Origem: pietismo alemão)
- Igreja Morava (muito popular na Alemanha, Países Baixos e Estados Unidos)
- Igrejas Metodistas
- Igrejas Livres Escandinavas
  — Família Fundamentalista Independente (Origem: in glesa [Darby, Dispensacionalismo])
- Assembléias dos Irmãos
- Igrejas da C.A.M. (Missão Centro-americana)
- Igrejas Fundamentalistas Independentes da América
- Outras Igrejas independentes similares
- Tradição Pentecostal
  — Assembléias de Deus
  — Igrejas de Renovação Carismática (grupos de Igrejas independentes)

Organizações ecumênicas interconfessionais

- Conselho Mundial de Igrejas.
  Compreende as Igrejas protestantes fundadoras, a Igreja ortodoxa e, apenas como observadora, a Igreja católica.
- Conselho Internacional de Igrejas Cristãs.
  Réplica conservadora do Conselho Mundial de Igrejas
- Aliança Evangélica Mundial.
  Também de caráter mais conservador do que o CMI. Seus objetivos são: fomentar a piedade protestante e resistir às influências modernizadoras.

Introdução

Rosemary Radford Ruether, em seu livro *Mulher nova, terra nova...* diz que "nas sociedades protestantes as mulheres precisaram de cem anos de lutas contínuas para romper as barreiras básicas que lhes negavam os direitos civis e a educação, e nas católicas a mudança tem sido ainda mais lenta" (p. 37). É certo que nas sociedades de tradição protestante tem havido uma maior sensibilização no que diz respeito aos direitos humanos, e em certo sentido as mulheres dessas sociedades têm sido pioneiras na reivindicação dos seus direitos. Entretanto, seria uma ilusão pensar que as Igrejas protestantes estão trabalhando e respeitando os direitos humanos das mulheres.

O protestantismo é muito diversificado e podemos encontrar experiências de todo tipo. Por isso é muito difícil generalizar e não cair no romantismo próprio daqueles que pensam que pertencemos a uma minoria, que o nosso grupo é perfeito.

Fazendo um pouco de história

Com a chegada da Reforma encabeçada por Lutero, começa uma grande mudança para as mulheres:

- Fim do celibato e uma visão positiva do matrimônio como um dos instrumentos que libera as mulheres da misoginia e do descrédito. Elisabeth Ahme diz: *A valorização da mulher feita por Lutero vem marcada basicamente pelo fato de ela ter sido criada por Deus e salva por Cristo. Com isto Lutero superou todos os obstáculos que havia para que uma mulher chegasse à plenitude e abriu o caminho para uma feliz aceitação e afirmação do papel que para ela Deus havia escolhido* (TF, p.174).
- Entretanto, Lutero segue marcado pela misoginia típica da interpretação patriarcal da Bíblia, o que não poderia ser diferente. Esta tradição é tão forte que, apesar dos progressos, nem sequer nós conseguimos quebrá-la.
- Nos escritos de Lutero pode-se observar que seu ideal de mulher é, sobretudo, a mãe e a esposa: *Que coisa melhor e mais útil pode ser ensinada na Igreja do que o exemplo de uma mãe devotada ao lar, que reza, suspira, roga, rende graças, administra a casa, cumpre com o débito conjugal e se dedica à prole com maior castidade, graça e bondade? Que mais se pode pedir?* (TF, p. 176).
- Além disso, Lutero recorre vez ou outra à palavra "natural" para justificar suas posições. O "natural" é: querer casar-se e ter filhos; que a mulher se submeta à autoridade do marido; que as mulheres dêem à luz com dor etc. E esta é a ordem que Deus impôs ao mundo. A submissão das mulheres a seus maridos é algo inerente à própria natureza da mulher, é uma necessidade ontológica, de acordo com o mais puro aristotelismo.
- Posto que Eva é a causa da entrada do pecado no mundo, e foi ela a enganada e não Adão, as mulheres devem obedecer e seguir cegamente as instruções de seus maridos, não importa quais e como sejam. E as mulheres devem obedecer inclusive aos maridos não-cristãos, por mais severos que pareçam: *se uma mulher renega seu papel e assume a autoridade sobre seu marido já não está fazendo o que lhe é próprio, aquilo para o que foi*

criada, mas um trabalho que brota de sua própria falta e do maligno. Pois Deus não criou esse sexo para governar, e, além disso, elas nunca governam acertadamente.

- Para a moral protestante, o matrimônio e a maternidade, não a virgindade, passam a ser o ideal da mulher cristã e sua mais alta vocação.

Resumindo, a moral protestante tradicional tem promovido uma compreensão da mulher em sua qualidade de esposa e mãe, mas nem tanto em sua qualidade de mulher salva por Jesus Cristo. O modelo de família a que dá lugar o protestantismo é o da família burguesa, na qual o marido "sai à rua" para enfrentar a vida e ganhar o sustento da família. A mulher fica em casa construindo e cuidando do lar. A mulher é reduzida às funções de consumo, criação dos filhos e compensação emocional (MN, TN p. 38).

Esse modelo de família cristã ainda sobrevive na moral dos diferentes fundamentalismos protestantes (*Christianity Today*, novembro de 1999: nos Estados Unidos se unem duas importantes instituições para tratar a questão da família, a fim de recuperar os antigos valores e a espiritualidade da família protestante tradicional).

DIREITOS DAS MULHERES E TRADIÇÃO PROTESTANTE

Como já disse, no seio do protestantismo podemos encontrar uma grande variedade de posições em relação à questão que estamos tratando, desde as mais progressistas até as mais conservadoras.

Há experiências eclesiais que trabalham diligentemente para que os direitos das mulheres sejam integralmente respeitados, começando pela própria comunidade, favorecendo a participação plena das mulheres. Há outras Igrejas ou famílias de Igrejas que preferem seguir fiéis à moral protestante tradicional, incitando suas mulheres à subordinação e à autoridade de seus maridos e dos dirigentes da Igreja, o que quer dizer que elas não têm voz nem voto, a não ser os dos maridos, nos assuntos da Igreja.

Eu pertenço à Igreja da IEE (EEC), de tradição metodista e membro do CMI. Esta organização é bastante comprometida com a defesa dos direitos humanos, entre eles os das mulheres. O Decênio (1988-1998) cujo tema era *Solidariedade das Igrejas com as Mulheres* é uma mostra desse comprometimento.

A visão e o compromisso a que se chegou no Festival do Decênio se articulam da seguinte maneira (cf.: "Informe do Comitê de Questões da Atualidade. Oitava Assembléia e 50º Aniversário"):

- Sustentamos firmemente a visão de uma comunidade humana na qual seja valorizada a participação de todas (e eu acrescentaria, de uma Igreja) e de cada uma das pessoas que a formam, na qual ninguém seja excluído por questões de raça, sexo, idade, religião ou prática cultural, na qual seja celebrada a diversidade como um dom de Deus ao mundo.
- Estimulamos, portanto, nossas Igrejas... a criar programas, materiais educativos, redes e oportunidades de apoio e capacitação das mulheres.
- Incitamos nossas Igrejas a dedicar tempo e energia na luta contra os males da dominação e da discriminação. Nós as exortamos a estar atentas para evitar toda forma de exclusão nas estruturas e práticas da Igreja. Incluímos em nossas iniciativas:
  — oportunidades e programas de educação teológica para mulheres, que honrem sua voz e suas experiências;
  — programas teológicos que incluam as perspectivas das mulheres e estudos sobre questões de gênero;
  — liturgias e orientações em matéria de gênero e linguagem que confirmem e afirmem todos os participantes;
  — políticas que promovam um equilíbrio de gênero, idade e raça nos cargos e funções de direção assim como o respeito das identidades das pessoas.
- Somos conscientes de que existem questões éticas e teológicas difíceis de ser abordadas no âmbito eclesial: orde-

nação da mulher, aborto, divórcio, sexualidade. Mas estamos de acordo em condenar a violência que se perpetua por meio das diferenças de interpretação. Devemos seguir pedindo a orientação do Espírito Santo para que prevaleça a justiça.

- Sustentamos com firmeza a luta pela eliminação de toda a violência em suas diversas formas (sexual, religiosa, psicológica, estrutural, física, espiritual, militar) e da cultura da violência, sobretudo daquela que afeta a vida e a dignidade das mulheres. Declaramos nossa decisão de nos opor a qualquer intenção de desculpar, dissimular ou justificar a violência. A presença da violência na Igreja é uma ofensa contra Deus, contra a humanidade e contra a terra.
- Por isso, é dever da Igreja anunciar ao mundo que a violência contra a mulher é um pecado. Quer dizer, a Igreja deve se arrepender de sua participação na violência e renovar suas teologias, tradições e práticas em favor da justiça e da paz no seio da comunidade humana.
- Propõem-se as seguintes iniciativas:
  - — A criação de oportunidades e espaços para que as mulheres possam falar sem temor sobre a violência e os abusos de que padecem, rompendo a cultura do silêncio.
  - — A denúncia de todo abuso sexual, especialmente os cometidos por aqueles que ocupam posições de direção na Igreja.
  - — O estabelecimento de procedimentos para restaurar a justiça, nos quais tanto as vítimas da violência como seus perpetradores possam experimentar o poder do perdão e da reconciliação.
  - — A eliminação de toda justificativa bíblica e teológica para o uso da violência.
  - — A denúncia de todas as iniciativas de guerra, adotando medidas para deslegitimá-las e buscando outros meios não-violentos para resolver os conflitos.

— A denúncia da mutilação genital feminina, do turismo sexual e do tráfico de mulheres e crianças.

- Sustentamos com firmeza a visão de um mundo em que reine a justiça econômica, onde a pobreza não seja tolerada nem justificada, onde os povos do Sul e do Leste prosperem junto com os do Norte e do Oeste, onde sejam restabelecidos o equilíbrio do poder e da riqueza e onde mulheres e crianças não sejam submetidas a trabalhos forçados e desumanizadores.

O documento continua pedindo o perdão da dívida dos países mais pobres, a liberação de recursos em favor das classes desprotegidas, a adoção de leis que protejam e assegurem o respeito aos direitos humanos das mulheres, a criação de sistemas econômicos e eclesiais paritários etc.

CONCLUSÃO

Podemos afirmar que os direitos humanos das mulheres têm sido violados nas Igrejas protestantes? Que estão violando os direitos à integridade física, à liberdade e à igualdade das mulheres? Se formos honestos e realistas deveremos responder que sim: que na experiência eclesial protestante, em sua diversidade, não se estão respeitando os direitos humanos das mulheres. Se assim fosse, o CMI não teria tido a preocupação de fazer uma declaração de intenções como a exposta anteriormente.

Entretanto, devemos ser otimistas e seguir sonhando o sonho de Deus: uma Igreja multicultural, comprometida com os pobres e os oprimidos, livre do sexismo, democrática, que reconheça sua falibilidade e que viva por graça. Minha sincera opinião é que na tradição protestante, por suas próprias características, é possível seguir trabalhando neste sentido, ainda que o caminho não seja fácil.

IGREJA ANGLICANA

A perspectiva de um membro da comunidade anglicana

REV. SUSAN WOODCOCK

UM BREVE RETRATO DA COMUNHÃO ANGLICANA

A Comunhão Anglicana consiste em mais ou menos 76,6 milhões de cristãos em 164 países do mundo. Está integrada por 37 províncias e Igrejas autônomas. A Nigéria é a maior província anglicana, com aproximadamente 17 milhões de membros, e nos últimos anos é o lugar onde a Igreja tem apresentado maior crescimento. Há mais anglicanos na África do que na Europa e nos Estados Unidos.

A Comunhão Anglicana não é uniforme. Reconhece-se que em distintas culturas a expressão da fé cristã venha a ser diferente. Pode-se dizer que a Comunhão Anglicana é um exemplo vivo da unidade na diversidade.

As Igrejas anglicanas estão profundamente arraigadas em culturas e povos distintos (REV. GEORGE CAREY, arcebispo de Canterbury).

A COMUNHÃO ANGLICANA NA ESPANHA

A Igreja Espanhola Reformada Episcopal é membro pleno da Comunhão Anglicana. Ela foi fundada em 1880 por cristãos espanhóis dissidentes da Igreja de Roma. E tem sido sempre uma Igreja genuinamente espanhola. Viveu tempos difíceis, de intolerância, perseguição, repressão e indiferença, dos quais é consciente. Apenas nos últimos vinte anos conta com a ajuda de missionários estrangeiros. Também há capelanias inglesas que dependem diretamente da Igreja da Inglaterra.

Em todos os contextos, os anglicanos estão comprometidos com os povos, seja em suas lutas contra a opressão, o isolamento e a injustiça, seja na luta para viver e crescer na fé (Rev. George Carey).

Este compromisso inclui obviamente o caso particular das mulheres em suas lutas. Isto não é novidade e nem está restrito a uma região geográfica. Entre outras coisas, membros da Igreja Anglicana lutaram para melhorar as condições de trabalho nas fábricas inglesas no século XVIII e para abolir o tráfico de escravos. Em muitos países da África as primeiras escolas eram de fundação cristã-anglicana, ou de alguma outra denominação.

Tal compromisso segue efetivo hoje em dia e muitos exemplos poderiam ser citados. O que demonstra essa continuidade são os ministérios das igrejas da Comunhão Anglicana em diferentes partes do mundo, mas a Igreja Católica e outras Igrejas também têm ministérios parecidos, além dos casos de ministérios interdenominacionais.

A educação: Uganda

Todas as primeiras escolas foram fundadas pela Igreja Anglicana ou pela Igreja Católica romana. Devido à cultura do país havia certa resistência quanto à educação das meninas. Na primeira metade do século XX, a inglesa Constance Hornby caminhou por todo o sudoeste de Uganda visitando as aldeias para convencer os pais da necessidade de permitir que suas filhas aprendessem a ler e escrever. Atualmente, a educação da menina é mais aceita e há muitas escolas públicas. Entretanto, a Bishop Kivengere Girl's School, em Muyebe, uma escola de meninas, foi fundada há apenas 25 anos pela diocese de Kigezi (Igreja de Uganda), com a convicção da necessidade de prover uma boa educação pré-universitária mais próxima dos lugares onde vivem as meninas.

A saúde: Paquistão

As mulheres de países muçulmanos têm que ser atendidas por mulheres. Sua religião não permite que sejam atendidas por médicos homens. No Pennell Memorial Hospital, um hospital cristão no Paquistão, há uma equipe médica constituída somente por mulheres para atendê-las.

Mães solteiras: Escócia

Na diocese de Saint Andrew's Dunkeld and Dunblane, na Escócia, a associação de mulheres de uma igreja local tem um centro aberto para mães solteiras. Mães adolescentes vão pedir conselhos sobre como lidar melhor com suas finanças, como cuidar do bebê, cozinhar etc. Elas não querem ir aos profissionais porque temem ser prejulgadas e preferem recorrer a este centro administrado pela Igreja.

Prostitutas: Zâmbia

Durante os anos 1990 a economia da Zâmbia degenerou-se muito, com reduções enormes na capacidade industrial, resultando em uma alta taxa de desemprego que deixou muitas famílias sem nenhuma fonte de renda. As mulheres têm pouco estudo e a prostituição parece ser a opção mais fácil. St. Margaret's Hall, na Diocese Central, existe para ensinar algum ofício às jovens — por exemplo: moda, bordado, cozinha —, para que possam ganhar a vida sem recorrer à prostituição.

O PAPEL DA MULHER: A ÍNDIA

Na Índia, um sem-fim de mulheres nunca questiona seus papéis tradicionais e nunca descobre quais são os seus direitos diante da lei. Por isto as mulheres da Igreja do Sul da Índia oferecem conferências e seminários sobre temas como a discriminação contra as mulheres e as meninas, os direitos da mulher à propriedade e as leis sobre a violação.

Na Comunhão Anglicana existem duas organizações que se preocupam especificamente com as necessidades da mulher.

A Associação de Mães

A Associação de Mães (The Mother's Union) foi fundada em 1876 na Inglaterra e atualmente tem movimentos sociais afiliados em muitas partes da Comunhão Anglicana. É especialmente forte na África. O objetivo desse movimento é fortalecer a vida da família. Mas para isso muitas das lutas das mulheres devem ser enfrentadas.

O que demonstra esse enfrentamento são alguns exemplos das distintas classes de trabalho abarcadas pela Associação de Mães.

- Em Uganda:
  Dão formação básica em economia e promovem projetos para geração de renda.
- No Burundi:
  Promovem a reconciliação, a reconstrução e a reabilitação.
- Na Melanésia (Oceania):
  Promovem o fortalecimento dos valores tradicionais em uma sociedade instável.
- No Quênia:
  Promovem a conscientização sobre a AIDS e preparação para jovens mães.

A rede internacional anglicana de mulheres

Esta rede foi formada há pouco tempo e está representada em 35 províncias. Ela pretende ser uma via de comunicação, informação e apoio a todas as Igrejas no que diz respeito às mulheres. Embora seja nova, está descobrindo uma tremenda necessidade e pensa também em se envolver na advocacia e em questões políticas em defesa da mulher.

Tudo isto é muito bom e muito positivo, mas ainda existem muitas necessidades em relação à situação da mulher e de seus direitos que a Igreja deve enfrentar e superar no interior de si mesma. Cito apenas dois casos como exemplo.

África do Sul

A maioria dos membros da Igreja são mulheres. As associações femininas contribuem com uma grande porcentagem dos recursos financeiros, mas não somos as mulheres quem tomamos as decisões ou estabelecemos as prioridades da Igreja. Uns 80% dos membros são negros, mas a maioria dos bispos são brancos e não há uma só mulher. Sendo uma mulher negra com alguma posição na Igreja me sinto mais reconhecida na sociedade secular do que na Igreja (BRIGALIA BAM, secretária-geral do Conselho Sul-Africano de Igrejas).

Escócia

Enquanto se considerar que o abuso da mulher é uma questão marginal, sem importância teológica ou eclesial, a Igreja não terá motivação nem mecanismos para tratar dos abusadores e para transformar suas próprias estruturas e atitudes (LESLEY MACDONALD, historiadora, teóloga).

Alguns lugares têm progredido. Por exemplo:

A Índia

Na Igreja do Sul da Índia, 25% dos membros de todo o corpo administrativo e de toda a comissão deliberativa devem ser mulheres, desde o conselho paroquial até o sínodo diocesano.

Em algumas províncias da Comunhão Anglicana, uma mulher pode ser não somente presbítera, na Igreja, como também bispa. Em outras províncias, a mulher é excluída do ministério ordenado. Penny Jameson, mulher e bispa na Nova Zelândia, diz que a partir da experiência das mulheres da Igreja da Nova Zelândia e de sua própria experiência como bispa a Igreja tem estado aberta a um novo entendimento do sacerdócio, da Igreja e da santidade. Este novo entendimento tem enriquecido a Igreja e é seu desejo que ilumine todas as partes da Comunhão Anglicana.

Sejamos bispos, clérigos ou leigos, sabemos que para nós não pode haver nenhum descanso enquanto formos considerados segundo o gênero; o importante é a qualidade da liderança, não o ofício; é nossa habilidade de articular o propósito da comunidade cristã que conta, não nosso lugar na hierarquia... Temos que nos dar conta de que, apesar do compromisso das mulheres, a Igreja continua sendo muito patriarcal e não podemos salvá-la: somente Deus pode fazê-lo.

CONCLUSÃO

Para concluir, aponto algumas notas gerais sobre direitos que me parecem importantes:

- Os direitos da mulher são os mesmos que tem o homem.
- O exemplo de Cristo é o de não se apegar a direitos próprios (Fl. 2), mas se preocupar com os direitos dos demais.
- Os direitos sempre trazem consigo os deveres.
- Na defesa dos direitos de um grupo é importante não infringir os direitos de outro grupo.

— Cristo sempre tratou a mulher com respeito e dignidade. As mulheres foram as primeiras testemunhas da ressurreição (em contraste com a lei, que não aceitava a palavra da mulher).

A Comunhão Anglicana não é nada homogênea. Mas espero poder ter indicado algumas das maneiras pelas quais nós, anglicanos, estamos trabalhando em defesa da mulher e de seus direitos: em todos os âmbitos da vida, mas sem esquecer o longo caminho que ainda temos pela frente.

REFERÊNCIA BIBLIOGRÁFICA

Todas as citações do artigo acima são de WINGATE, Andrew; WARD, Kevin; PEMBERTON, Carrie; SITSHEBO, Wilson (eds.). *Anglicanism: A Global Communion*. Londres, Mowbray, 1998.

ENCERRAMENTO DO CURSO DE OUTONO DA ESCOLA DE TEOLOGIA FEMINISTA

MAGDA TOMÀS I RIBES

Bem, chegamos ao final deste curso de teologia feminista dedicado à reflexão sobre *Os direitos humanos das mulheres nas religiões no século XXI*. O que foi exposto até agora nos mostra de forma clara que todas as religiões, ainda que tenham uma mensagem libertadora, têm criado estruturas patriarcais e de poder que marginalizam metade da humanidade: as mulheres.

Isso tem contribuído e reforçado a valorização do masculino em detrimento do feminino em todas as sociedades e culturas, fazendo com que o poder de decisão caiba apenas a uma parte: aos homens criadores de leis para as mulheres. Os direitos humanos das mulheres e das meninas são esquecidos. Por isso, nossa atitude deve corresponder honestamente a essa realidade para assim sermos fiéis ao Deus de todas as religiões, o qual não faz distinção entre as pessoas. Devemos ainda ser críticas em relação às instituições quando estas violam os direitos humanos das mulheres. Temos que avançar pelo caminho de uma fraternidade autêntica, que conduza à igualdade entre todos os seres humanos.

Aproximamo-nos e aprendemos um pouco mais de outras confissões cristãs e de outras religiões com as quais teremos de conviver mais de perto. É necessário, pois, abrir esses espaços de intercâmbio e diálogo a fim de ir avançando no conhecimento mútuo. É o primeiro passo para nos respeitarmos; para convivermos; para que os direitos humanos das mulheres e dos homens sejam uma realidade no século XXI no âmbito social; e para que os vivamos ainda mais intensamente nas religiões.

Façamos nossa a utopia. Temos consciência de que o caminho é longo e difícil, mas nunca devemos perder a esperança. Se hoje nos encontramos aqui, sensíveis em relação a essa realidade que nós mulheres estamos vivendo nas religiões, e que consideramos discriminatórias para nós, é porque pensamos que as coisas podem mudar e que as situações injustas não correspondem à vontade de Deus, mas à limitação dos homens que se têm considerado intérpretes da vontade divina, e se têm considerado também o único ser humano digno de se aproximar do sagrado. A mulher está deslocada há muito tempo, e relegada a um segundo lugar, por causa de seu sexo. Por isso, cada uma de nós tem que se conscientizar e sentir-se responsável pela evolução da justiça e da igualdade paritária no pedacinho de mundo onde vivemos e nos movemos.

O Col-lectiu de Dones d'Església mais uma vez agradece a confiança demonstrada pela sua presença. Isto nos estimula a seguir trabalhando com espírito crítico e construtivo para conseguir nosso objetivo: o pleno reconhecimento das mulheres nas religiões e, mais concretamente, em nossa Igreja, na igualdade de direitos e deveres com os homens para o bem de toda a comunidade humana e religiosa.

Nós os convidamos a continuar participando plenamente de nossos outros cursos e atividades.

Muito obrigada.

Este livro foi composto nas famílias tipográficas
Trump Mediaeval Roman e *Bernhard Modern Roman*
e impresso em papel *Offset 75g*

Edições Loyola
Editoração, Impressão e Acabamento
Rua 1822, n. 347 • Ipiranga
04216-000 SÃO PAULO, SP
Tel.: (011) 6914-1922